L'Infini

Collection dirigée
par Philippe Sollers

RAPHAËL ENTHOVEN

LE PHILOSOPHE DE SERVICE

et autres textes

nrf

GALLIMARD

Pour Aurélien et Sacha

Il y a chez toi quelque chose d'ingénu qui disparaît quand tu fais l'enfant.

SACHA GUITRY

Le philosophe de service

Il y a du Citroën dans Picasso.

JACQUES SÉGUÉLA

Je me souviens d'une séance photos pour un magazine féminin qui consacrait un grand dossier aux « philosophes du moment ». Nous étions cinq zouaves à défiler dans un studio jonché de produits de beauté, sous l'œil d'un photographe qui avait installé en son milieu une petite colonne « à la grecque » peinte en marbre zébré avec laquelle il nous demandait de « jouer », de prendre la pose, d'adopter un « air philosophique », tantôt le poing sur le menton, tantôt les doigts en équerre, l'index sur la tempe et le pouce sous la mâchoire... La prochaine fois *on* nous mettra peut-être une toge, qui sait ?

Flanqué du « religieux de service » et du « scientifique de service », le « philosophe de service » est de toutes les émissions, à la radio, dans les journaux, à la télévision, pour apporter son « éclairage » sur des sujets qui, quoiqu'ils échappent à sa compétence, requièrent, bizarrement, son opinion.

Il s'affiche sur les culs de bus, se répand en conférences, siège aux comités d'entreprise, conseille les présidents. *On* l'interroge sur n'importe tout : le terrorisme et la crise financière, les éruptions volcaniques, l'éducation des enfants, l'arrivée du printemps, l'arraisonnement d'un navire en temps de guerre ou l'amour au temps du sida. *On* lui demande des conseils de sagesse, *on* l'interpelle, *on* le questionne, *on* le convoque et, souvent, il marchande sa présence.

Qu'attend-*on* de lui ? D'abord, qu'il réponde. Qu'en vertu d'une inversion des rôles, à mille lieues de l'exercice socratique de la philosophie, le philosophe de service (que j'appellerai maintenant P.S.) remplace les questions par des réponses, et les réponses par des professions de foi. Privé d'approfondir (mais sommé d'en donner l'impression), soumis à l'immédiat, P.S. étale des convictions, donne des consultations, brandit la philosophie comme un antidépresseur, participe sans vergogne à des débats sans queue ni tête où sa parole n'est qu'un bruit de fond.

Ensuite, qu'il réponde *en philosophe*, autrement dit en baragouin, qu'il entrelace des phrases ordinaires avec des mots à rallonge, qu'il parle un tout petit peu chinois, qu'il se rende accessible, bien sûr, mais tout en usant du jargon nécessaire à inspirer — à ses dépens — l'ironie respectueuse que sa Majesté le plus grand nombre témoigne aux ermites mondains.

Enfin, qu'il réponde en psychologue, voire en astrologue, à des questions intimes : « Qui suis-je ? » « Où vais-je ? », « Que m'est-il permis d'espérer ? », « Je suis homosexuel, comment le dire à mes parents ? »… Comme si l'objet de la philosophie était ce qui n'importe qu'au Moi.

À l'ère de l'individu — collectif ou esseulé — P.S. remplace à la fois l'intellectuel (tristement suspect de se servir des causes qu'il défend) et le philosophe, dont le magistère reposait sur une opacité qui n'impressionne plus l'ignorant décomplexé. P.S., c'est la ciguë de Socrate : l'empoisonnement de la philosophie par ceux qui la réduisent à un remède.

Que lui demande-t-on quand *on* lui demande son « point de vue » ? Non pas que P.S. dévoile sa vision du monde — qui les vaut toutes et que vaut n'importe laquelle —, mais qu'il fasse le cadeau de sa hauteur, qu'il se déguise en altitude, qu'il aborde des sujets triviaux depuis le promontoire où son esprit doit avoir l'air d'habiter. Qu'il joue le jeu, en un mot, de la « pause-concept », de l'« instant prise de tête », de la « minute-philo ». Quelques grammes de pesanteur dans un monde frivole… P.S., c'est le balourd chargé d'élever le débat.

Peu importe qu'à force de répondre, le philosophe de service ne dise plus rien. L'essentiel est de sauver les apparences, de montrer qu'il *pense* tout ce qu'il dit, d'exaucer les vœux de l'auditoire en déposant des hiéroglyphes sur des expériences ordinaires, en donnant, jusqu'aux rides qui ornent son front et les « euh… » qui ponctuent ses phrases, tous les signes de l'idée qu'*on* se fait de la pensée en acte : P.S. joue au philosophe comme l'épicier joue à l'épicier devant un client qui, quand il s'adresse à lui, s'adresse à sa fonction. P.S. n'est pas là pour dire quoi que ce soit, mais pour faire parler de lui en versant de l'érudition dans l'émotion, en distillant du jus de crâne dans les « émissions de société » où le mélange des genres sert d'idée neuve et les paradoxes, de parasites. La loi du marché accole à P.S. l'étiquette du pur esprit passant chaque semaine (et parfois tous les jours) l'oral de notoriété devant un parterre de demi-habiles qui trouvent à la fois génial ce qu'ils parviennent à comprendre et grisant d'entendre un sabir indigeste. « Qui se sait profond, dit Nietzsche, s'efforce à la clarté : qui veut paraître profond aux yeux de la foule s'efforce à l'obscurité. Car la foule tient pour profond tout ce dont elle ne peut voir les raisons : elle a si peur de se noyer ! »

En vérité, P.S. fait l'objet d'intentions contradictoires. À l'image du maître de philosophie du *Bourgeois gentilhomme* de Molière, qui prétend se tenir au-dessus de la mêlée avant, lui-même, d'en venir aux mains avec ses congénères, tout en P.S. manifeste l'hypertrophie d'un savoir inutile que rachète l'aptitude quasi miraculeuse à s'exprimer, de temps en temps, comme tout le monde. En échange du quota de paroles qu'*on* alloue à la pensée, P.S. a l'obligation de servir la cause d'un scoop démagogique et plus répandu que la grippe : « Non, la philosophie n'est pas désincarnée, la philosophie n'a pas la tête dans les étoiles mais bien les pieds sur terre ! Pour être philosophe, le philosophe n'en est pas moins homme, et il a, comme vous et moi, des organes, des chagrins, des colères, des soucis quotidiens... Vous allez voir ce que vous allez entendre. » N'attendez pas de P.S. qu'il change votre regard sur le monde (même si c'est officiellement ce *qu'on* lui demande), mais qu'il profère à l'envi des vérités gnomiques, des sentences qui éternisent l'actualité... tout en flattant l'iconoclasme ambiant. Le rôle de P.S., sa *tâche*, est de caresser la bonne opinion que l'opinion a d'elle-même en prenant le contrepied de ce qu'un large public tient pour des idées reçues : l'altermondialisme lui tient souvent lieu d'altérité.

Simultanément abstraites et incarnées, les paroles de P.S. flottent — entre ciel et terre — à l'intention des mécontents qui règnent sur l'époque où ils se vivent comme des marginaux. Dans le grand consensus anticonsensuel, P.S. doit être « dérangeant » sinon il gêne. P.S. doit déplaire, sous peine de déplaire encore plus : il faut des bouffons au peuple comme il en fallait aux rois.

Qu'il soit beau, qu'il soit laid, P.S. est toujours le dindon de la farce. De même qu'Amour, selon Platon, est fils de Carence et de Plénitude, P.S. descend à la fois du philosophe juché sur un tonneau qui harangue les masses laborieuses, et du géomètre qui tombe dans le puits parce qu'il regardait les étoiles. Depuis l'éternel divorce de ses parents, P.S. habite en même temps l'arène populaire et la tour d'ivoire. S'il complique les choses, *on* raillera son pédantisme. S'il parle comme tout le monde, *on* le trouvera démagogue. S'il vend trop de livres, *on* le dira « commercial ». S'il n'en vend pas assez, *on* le tiendra pour un « has been ». S'il passe à la télé, *on* le jugera « médiatique », s'il n'y passe pas, *on* le trouvera « snob ». S'il développe une thèse, on lui parlera de son style. *On* doit pouvoir simultanément admirer ses connaissances et tourner en dérision un savoir qui peine à s'incarner malgré l'effort louable de s'occuper du monde pratique. P.S. est à la merci du journaliste qui trouve audacieux de lui demander si, quand il parle du philosophe de service, il parle de lui-même ou qui, quand il lui répond par une citation, le rappelle à l'ordre en lui disant « mais *vous*, qu'est-ce que vous en pensez ? » comme si on ne parlait pas de soi quand on cite un autre, comme si l'opinion d'un homme qui les vaut tous avait plus d'intérêt qu'un trait de génie. P.S. est un sorcier déchu dont les sortilèges sont dénoncés par Bouvard et Pécuchet. Le philosophe de service est un repenti du savoir : dès qu'il parle, on dirait qu'il s'excuse.

P.S. est un épouvantail dont les grimaces montrent à tout le monde qu'elles n'impressionnent plus personne. Ses postures cérébrales sont le faire-valoir des sentences hommasses et des lieux communs. Mis sous tutelle par le gouvernement de l'opinion publique et ses ambassadeurs, P.S. se voit toujours opposer (comme une leçon de bon sens, la preuve de son inutilité profonde et donc de la faveur qu'*on* lui fait en l'invitant à s'exprimer) la perplexité de l'animateur qui, par solidarité avec ce qu'il croit savoir de son public, feint de déchiffrer les mots de quatre syllabes (« moi qui n'ai pas *fait philo*, je ne suis pas certain de comprendre la mé-ta-phy-sique... »), et dont la fausse modestie sert uniquement à montrer l'obscurité de ce qu'il vient d'entendre (prétendre qu'on ne comprend rien, dit Barthes, c'est se croire « d'une intelligence assez sûre pour que l'aveu d'une incompréhension mette en cause la clarté de l'auteur et non celle de son propre cerveau »).

Quand *on* lui demande « à quoi sert la philosophie ? », P.S. trouve généralement à l'amour de la sagesse mille gentilles qualités : à l'entendre, la connaissance dissipe le mal, la philosophie rend l'espoir, stimule le désir, fabrique des citoyens, donne un sens à la vie... Pour un peu, elle ôterait « la peine de réfléchir et le trouble de penser » (Tocqueville). Si P.S. s'aventure à répondre que la philosophie ne sert à rien, *on* le trouvera « provocateur ». *On* dira qu'il « fait l'intéressant » — ce qui est l'apanage des gens que la foule se plaît à trouver sans intérêt. S'il dit que la question de l'utilité de la philosophie sous-entend que quand on est inutile on ne sert à rien, P.S. est inaudible. Si, au lieu de répondre comme *on* l'exige, P.S. ne joue pas le jeu et fait entendre une parole intempestive au banquet des idées reçues, il est aussitôt congédié par le tribunal populaire de l'Audimat, renvoyé à ses nuées, à l'asepsie d'une « pensée molle », « conformiste », « narcissique ». Pour faire partie du cénacle des philosophes de service, il faut taire (ou garder pour soi) que l'enjeu n'est pas de savoir à quoi sert la philosophie, mais de savoir quels préjugés implique une telle question.

P.S. vient seulement d'apparaître, mais déjà son image le poursuit comme son ombre. Le philosophe de service est une figure tragique à qui l'orgueil et l'opinion imposent de troquer son âme contre une monnaie de singe. L'amour de la sagesse est-il soluble dans le souci de plaire ? P.S. est celui qu'on regarde sans le voir, qu'on entend sans l'écouter, qu'on invente quand on l'invite, et qui s'éteint quand la lumière s'en va.

Dieu

> Les choses ne sont pas plus ou moins par-
> faites selon qu'elles charment ou offensent les
> hommes.
>
> SPINOZA

La théologie demande d'où vient le monde et répond par Dieu ou par l'athéisme ; la philosophie demande d'où vient Dieu et répond par l'homme.

Il importe peu de savoir si Dieu existe. Seule compte l'inquiétude à laquelle correspond le désir de Sa présence. « Autrefois, écrit Nietzsche, on cherchait à prouver qu'il n'y avait pas de Dieu — aujourd'hui on montre comment la croyance en un Dieu a pu naître et à quoi cette croyance doit son poids et son importance. » C'est toute la différence entre la recherche d'un sens et le goût de comprendre d'où vient l'étrange besoin que nous en avons.

Si les questions sont en philosophie plus essentielles que les réponses, ce n'est pas que la sagesse est hors d'atteinte ou que l'ultime réponse est un supplice de Tantale dont la quête remplit (d'amertume) le cœur d'un homme, mais c'est, au contraire, que la réponse est trop facile, trop accessible. Répondre est un pis-aller qui dispense de s'interroger sur la question elle-même… et toutes les questions qu'elle pose. Répondre est enfantin. Répondre, c'est peu dire.

Dieu est un dilemme : soit il existe, soit Il est Dieu.

Soit il existe et — à moins que Dieu ne soit un sujet comme les autres — rien de ce qui existe ne peut exister hors de lui, soit Il engendre l'existence, l'excède, la précède ou la surplombe, et donc, par conséquent, n'existe pas lui-même. Un Dieu transcendant n'est pas conçu pour exister, mais pour donner un sens à l'existence (qu'il encadre entre l'hypothèse d'un commencement et la perspective d'une fin qui, dans le meilleur des mondes, en serait aussi le but). Quoi de plus utile ? Quoi de plus réconfortant ? Dieu est indispensable. S'Il n'existait pas, l'homme croirait en Lui.

C'est la raison pour laquelle — Dieu naissant du refus d'avoir souffert en vain, plus que du bonheur d'exister — loin d'estomper la croyance en Dieu, les drames de la vie lui donnent paradoxalement un second souffle. Non seulement la souffrance ne détourne pas de Dieu mais elle y reconduit avec, en retour, la garantie qu'on ne souffre pas pour rien, le baume d'une promesse, l'opium d'une récompense. C'est également la raison pour laquelle les philosophes qui s'interrogent sur les causes du désir que Dieu existe sont aussi, le plus souvent, les défenseurs des institutions religieuses, du fait religieux : il faut des Églises au créateur de Dieu, sinon à quoi bon ? « Les religions, dit Schopenhauer, sont nécessaires au peuple, et sont pour lui un inestimable bienfait... Les temples et les églises, les pagodes et les mosquées, dans tous les pays, à toutes les époques, dans leur magnificence et leur grandeur, témoignent de ce besoin métaphysique de l'homme qui, tout-puissant et indélébile, vient aussitôt après le besoin physique. » La soif de Dieu ne prouve pas son existence mais, au contraire, sa nécessité.

Quoi qu'en disent les tenants d'une « laïcité positive » (qui réduisent la laïcité à la tolérance, et le « dialogue des cultures » à un différentialisme artificiellement pacifié), l'idée même de laïcité repose en son origine sur la découverte qu'un Dieu de chair et de sang est une lubie du désarroi et que, si chacun doit pouvoir adorer l'idole de son choix, c'est parce qu'aucune théologie n'est une théorie de la connaissance.

Être ou être Dieu. Là est la réponse.

Qu'elle procède de la beauté du monde, de la nécessité d'un commencement ou de l'idée de perfection, toute démonstration de l'existence de Dieu s'effectue aux dépens de Sa transcendance, c'est-à-dire de la liberté de croire (ou non) en Lui. Démontrer que Dieu existe revient à lui donner la qualité d'une certitude qui exténue la croyance. Celui que la raison persuade est dispensé d'avoir la foi. Comment *croire* en l'être dont l'existence n'est pas douteuse ? *Croit*-on que deux et deux font quatre, ou que les trois angles d'un triangle sont égaux à deux angles droits ? On ne peut pas jouer sur les deux tableaux du savoir et de la croyance. Qui s'aventure à démontrer l'existence de Dieu nous fait immanquablement tomber le ciel sur la tête.

Aussi n'est-ce pas supprimer Dieu, mais affirmer son existence, que d'expliquer les « miracles » par des causes naturelles : si Dieu était prouvé par ce qui déroge aux lois de la nature, on le chercherait en vain. « Si Dieu, dit Spinoza, agissait contradictoirement aux lois de la nature, il agirait contradictoirement aux lois de sa propre nature, ce qui est absurde… Tant s'en faut donc que les miracles, si l'on entend par là des ouvrages contraires à l'ordre de la nature, nous prouvent l'existence de Dieu ; ils nous en feraient douter, au contraire, alors que sans les miracles, nous pourrions en être certains, pourvu que nous sachions que tout dans la nature suit un ordre fixe et immuable. » Parce qu'ils *croient* en Lui, Kant et Pascal raillent les jésuites qui, prouvant que Dieu existe, le privent d'être Dieu. Si le degré de fanatisme est inversement proportionnel au degré de certitude, c'est que, de l'aveu même de ceux qui « croient » en Dieu (et, par le seul emploi de ce verbe, témoignent qu'ils en doutent) la conception d'un Dieu personnel se fait au prix de son existence.

Si Dieu existe, alors il est tout ce qui existe, et le monde est infini puisque aucun au-delà ne lui assigne de frontières.

Si Dieu est transcendant — et n'« existe » qu'au titre des bienfaits et des crimes qu'on commet en son nom — alors c'est la volonté humaine qui est infinie et qui, simultanément conquérante et nostalgique, se heurte à l'avance aux limites imaginaires du connaissable.

Si Dieu existe, alors l'existence est une énigme car le réel, bien qu'explicable de part en part, n'est ni créé, ni justifié : tout est clair, tout est étrange.

Si Dieu est transcendant, le monde y gagne une origine et une raison d'être, mais il se truffe de mystères encore plus mystérieusement résolus.

Plus Dieu s'abstrait de l'existence et s'élève dans le ciel, plus il dépend de la foi et prend, par analogie, les traits de son créateur.

Plus Dieu coïncide avec l'existence elle-même, moins il nous ressemble et moins il nous répond.

Dieu existe. Je l'ai arpenté.

« Nous sommes en Dieu, dit saint Jean, et Dieu est en nous » : autant dire que nous n'avons rien de commun avec celui dont nous faisons partie, et que le vrai miracle n'est pas de marcher sur l'eau, mais de marcher sur la terre.

Jeu

Corneille, faites cesser cette comédie !
— Laquelle, monsieur le Marquis ?

JEAN RENOIR

À quoi joue-t-on quand on joue ? Quel est le but du jeu et quel est son enjeu ? Le jeu serait-il divertissant, s'il n'était qu'un passe-temps ? Comment jouer sans oublier qu'on joue ? Ou bien sans jouer qu'on ne joue pas ? Comment jouer sans se prendre au jeu, et se prendre au jeu sans cesser de jouer ?

L'hallucination ludique est un délire délibéré, un rêve éveillé qui joue, en toute conscience, à ne pas être conscient de lui-même. En vertu du paradoxe qui rend attachant ce qui est contrefait, le jeu est d'autant plus captateur qu'il est lucide sur son propre compte. Le fait qu'aucun joueur d'échecs ne prenne son cavalier pour un vrai cheval ne l'empêche pas d'être absorbé par une partie au point d'y sacrifier tout ce qui l'entoure. La certitude qu'aucun enfant ne confond sa peluche avec un animal vivant n'interdit pas qu'il donne tout son amour à un nounours. Bref, c'est à la fois en toute sincérité et en toute connaissance de cause qu'Oscar Wilde a versé des larmes le jour de la mort d'un héros de roman. « Le jeu est un double jeu, dit Nicolas Grimaldi. Tout en sachant qu'on joue, *on joue à croire* qu'on ne le sait pas. » Par la mise en place d'un artifice dont, bizarrement, la conscience n'entame pas l'émotion, l'illusion volontaire du jeu est une façon comme une autre de savoir à quel moment un homme prend des vessies pour des lanternes, ou ses désirs et ses craintes pour des réalités. Loin d'abstraire du réel, le jeu développe le talent de railler les symptômes du mal-être.

Voilà d'ailleurs la différence entre le rêve et le jeu : dans l'obscurité, le rêve adhère à ce qu'il croit percevoir, alors que le jeu mime, en toute lumière, ce qu'il sait imaginer. Rêver, c'est ignorer qu'on se prend pour le centre du monde ; jouer, c'est jouer, en toute conscience, à voir la réalité telle que je suis. On peut dire, en ce sens, que, dans la mesure où il n'en a pas conscience, le célèbre garçon de café sartrien — dont l'ostensible dextérité et les gestes un peu trop appuyés donnent à penser qu'il « joue à être garçon de café » — *rêve* sa condition plus qu'il ne la *joue*. À la différence du rêveur, un joueur ne se fait aucune illusion sur l'illusion qu'il se donne. S'il est mal de tricher au jeu, ce n'est pas que la triche est immorale, mais parce que le tricheur montre, en trichant, qu'il s'est *pris au jeu*, qu'il a pris le jeu au sérieux et que, par conséquent, le jeu n'est plus un jeu. « En feignant d'oublier qu'on joue, on joue à ne pas jouer, écrit encore Grimaldi, c'est ce qui fait du jeu une feinte passion. » Même une qualification pour la phase finale de la coupe du monde de football ne saurait justifier qu'on y parvienne en s'aidant de la main car alors, dit-on, « ça n'est plus du jeu ».

Le jeu est à double titre le propre de l'homme : d'abord seul l'homme, être conscient, peut savoir qu'il joue quand il joue ; ensuite, contrairement à l'animal qui, en « jouant », obéit à l'aveugle nécessité de sa nature, c'est par le jeu qu'un homme se donne l'identité dont le prive à jamais la certitude de mourir. Il faut n'être rien de stable pour jouer à *être* ce qu'on devient, n'être personne pour éprouver le besoin d'être quelqu'un : tout homme, en ce sens, est le personnage d'une comédie dont le texte s'écrit à mesure qu'il le récite.

Mais de même que la différence entre l'ivresse et la sobriété tient en ce que l'ivresse est une folie au moins consciente d'elle-même alors que la sobriété croit qu'elle est lucide, la différence entre le jeu et la vie repose sur l'évidence que la vie ne sait pas qu'elle est un jeu et que si tout le monde joue, la plupart des acteurs ignorent qu'ils le sont. Dire du monde entier qu'il est une « scène de théâtre », c'est pointer la vanité de toute chose en constatant l'effort que font le monde et ses habitants pour se donner, par le jeu, la consistance qui leur manque. À quoi joue l'acteur qui feint de mourir, sinon à montrer qu'en réalité il ne meurt pas ?

Le danger du jeu n'est donc pas, comme le croit Rousseau, de diluer « la vérité » dans un jeu de masques (parce qu'il l'ignore lui-même, Rousseau ne sait pas que les hommes savent qu'ils se mentent) mais, à l'inverse, comme on se perd en chemin, de devenir la réalité qu'il singe, de produire à coups de gestes l'identité qu'il contrefait. Comment expliquer le désarroi du lecteur qui, parvenu à la dernière phrase de son livre, se voit dans l'obligation de reconnaître ce qu'il sait : que les *êtres* si familiers qui, pendant tant de jours, ont hanté son existence, ne sont, à dire vrai, que de l'encre sur du papier ? D'où vient l'amertume qui suit un rêve, sinon du refus dérisoire et provisoire d'admettre que son décor et ses personnages n'existaient pas plus que cela ? « Quand je lis un roman policier, je crois à ce que je lis », dit Sartre qui aurait mieux fait de s'en souvenir quand, pour le pire, il s'est pris au sérieux et s'est mis lui-même à jouer à l'intellectuel. Le risque de jouer repose sur le passage insensible de l'imitation des affects, du mime intérieur, à la véritable création d'un personnage. C'est à force de jouer les individus sans vergogne que Lorenzaccio devient effectivement un monstre, c'est en allant voir l'adaptation de *J'irai cracher sur vos tombes* que Boris Vian fait une crise cardiaque, c'est en incarnant un malade imaginaire qui redoute de se faire passer pour mort aux yeux de sa femme que Molière finit effectivement par mourir en scène (ou presque) et montrer que, contrairement au jeu, c'est à vie que tout est joué.

Courage

Comme le dernier coup de dix heures
retentissait encore, il étendit la main et prit
celle de Mme de Rênal.

STENDHAL

Au commencement est le courage.

L'erreur des lâches est de n'avoir jamais tort. Le courage est un éclair, une sagesse irréfléchie : rien n'explique ni ne permet de prévoir le geste surnaturel de surmonter soudain sa frayeur, de sauter en parachute, de frapper Goliath, de manger des betteraves, de cacher des juifs, de donner son premier baiser, de faire face, en un mot, quand tout porte à baisser les yeux. Être courageux, c'est agir comme tel, opposer à la tentation coupable (et pourtant compréhensible) de courber l'échine le *fiat* inaugural d'une volonté sans cause. Car il n'y a pas de causes au courage, seulement des occasions. Et il n'y a pas de courage proprement dit, sinon des actes courageux que rien ne justifie, qui ne dédouanent d'aucune veulerie, dont la nature commune n'apparaît qu'après coup. L'existence du courage précède l'essence du courageux : « Le secret de l'action, dit Alain, c'est de s'y mettre. » C'est à juste titre qu'on dit du courage qu'il n'est pas le contraire de la peur, mais son prolongement victorieux. Le courage est un bond dans le réel dont la peur est le pressentiment. Un déni de l'inertie, de la paresse, dont la peur est le secret.

Comme l'ignorent ceux qui le réduisent à l'orgueil, le courage n'est pas plus soluble dans le calcul que la vertu n'est soluble dans l'espoir d'une récompense. La sauvegarde de Troie ne suffit pas à justifier le sacrifice d'Hector. Même si l'espoir d'une guérison augmente le courage de supporter une chimiothérapie, même si le rai qui scintille sous la porte donne au malade la force d'attendre qu'on vienne enfin à son secours, même si, comme dit Ajar, « la vie, ça demande de l'encouragement », il n'en reste pas moins qu'en matière de courage, l'intention est secondaire. Socrate n'a pas besoin de démontrer l'immortalité de l'âme (ce qu'il échoue d'ailleurs à faire) pour avaler la ciguë sans se plaindre. « Nous sommes si présomptueux, dit Pascal, que nous voudrions être connus de toute la terre, et même des gens qui viendront quand nous ne serons plus », et alors ? Les procès d'intention s'effacent devant l'effectivité du courage. Qu'importent les lauriers ? Ce n'est pas parce qu'il espère la gloire qu'Achille est courageux, mais parce qu'il est courageux qu'une gloire éternelle est à sa portée.

L'éventuelle représentation héroïque que le courageux peut avoir de lui-même n'est ni suffisante, ni même nécessaire au courage. Réduire le courage à la bonne conscience ou à la vanité, c'est prendre l'effet pour la cause et cantonner au « moi » ce qui le dépasse de loin. Comme dit Cynthia Fleury, « le courage est sans victoire... sinon sur soi-même ».

Si le courage admet la peur comme la joie reconnaît l'amertume, s'il n'est de courage que le courage de vivre malgré la toute présence de l'existence, c'est qu'avant d'être amour-propre, le courage est un amour de soi qui, donc, engage plus que moi. Sous la loi du courage, Mini-Moi dépose les armes devant le sentiment que la vie ne s'arrête pas à la mienne ni le monde à mon foyer, que ma liberté engage celle des autres, « car ce monde qui est le nôtre, explique Hannah Arendt, par cela même qu'il existait avant nous et qu'il est destiné à nous survivre, ne peut simplement prétendre se soucier essentiellement des vies individuelles et des intérêts qui leur sont liés... Le courage libère les hommes de leur souci concernant la vie, au bénéfice de la liberté du monde ». Sans être téméraire, le courage a tendance à sacrifier l'instinct vital aux exigences du domaine public et de son salut. Preuve en est que, même sous les bombes ou la mitraille, le courage n'est jamais triste.

On ne fait pas assez de bien, mais toujours le mal une fois de trop. « Être courageux », ce n'est pas l'être une fois pour toutes mais continuer à l'être : avoir du courage est une chose, ne pas le perdre en est une autre. Le courage n'est pas une essence mais un *caractère*, une diète, un vaillant refus du désespoir qui, maintenant le désir malgré la vie, étouffe sans relâche la tentation de s'en tenir à soi et de dire « j'ai déjà donné ». Il y a le courage de se jeter à l'eau et celui de nager à contre-courant, le courage de résister à l'ennemi et celui d'assumer l'exercice du pouvoir après la victoire, le courage de mettre fin à ses jours et celui de continuer à vivre quand tout nous en dissuade. Avoir du courage, c'est naître à soi-même et faire durer la naissance. Avoir du courage, c'est apprendre à mourir.

Hasard

Ce n'est qu'au regard d'un monde de buts
que le mot de hasard a un sens.

NIETZSCHE

Hasard est une divinité volage dont les caprices font jurisprudence. Une illusion du présent qu'éternise une métaphore et qu'un décryptage dissipe. Une jeune fille en fleur dont la silhouette découpe — un instant mais à jamais — la ligne de l'horizon.

S'*il y a* nécessairement du hasard, ce n'est pas que l'univers sublunaire, parce qu'il est mêlé de matière, désobéit aux lois immuables qui règlent les trajectoires célestes, mais c'est plutôt parce que ici comme aux cieux, chaque événement est une énigme unique et nécessaire.

Comment ne pas tenir pour autant de hasards tous les moments où la vie bascule ? Comment ne pas *croire* au hasard (c'est-à-dire au destin) quand au détour d'une rue, au pied d'une statue, on croise une vieille connaissance, un assassin ou bien encore la femme de son cœur ? Quand hasard signifie « coïncidence », l'idée de hasard naît du fait qu'aucune intelligence humaine ne pouvant tout prévoir, l'intersection de deux séries causales a pris au dépourvu celui ou celle qui, pour le meilleur ou le pire, se trouvait à leur centre. Coïncidence ou fantaisie de la providence, le « hasard » est, en l'occurrence, l'illusion de celui qui, submergé par la surprise et faisant une loi de ce qui lui arrive, en vient à confondre l'imprévu (pour lui) avec l'imprévisible en soi.

« L'homme a appelé *hasard*, écrit Paul Valéry, la cause de toutes les surprises, la divinité sans visage qui préside à tous les espoirs insensés, à toutes les craintes sans mesure, qui déjoue les calculs les plus soigneux, qui change les imprudences en décisions heureuses, les plus grands hommes en jouets, les dés et les monnaies en oracles... Que m'importe si je n'ai point le billet de la loterie, que tel ou tel numéro sorte de l'urne ? Je ne suis pas "sensibilisé" à cet événement... Ôtez donc l'homme et son attente, tout arrive indistinctement, coquille ou caillou... »

On ne saurait penser le hasard sans le dissoudre ni hasarder la pensée. Providentiel ou malheureux, chance ou malchance, le hasard n'est hasard que *d'un point de vue* : le hasard est le moment où, accidentellement concerné par l'entrelacs des causes et des effets, je fais le choix de tenir ce qui m'arrive pour un effet sans cause, la volte-face d'un Dieu badin dont l'humeur contredit apparemment la nécessité que l'intelligence n'a pas encore découverte. Quand par « hasard » on entend ce qui arrive et qui, contre toute attente, revêt un sens pour moi, le hasard est l'asile de l'ignorance.

Ce n'est pas tout.

Car hasard désigne aussi l'énigme de l'existence elle-même, la bizarrerie d'être-là, l'irrémédiable gratuité du réel, le caractère indémontrable, désespérément fortuit, de tout ce qui existe, bref, le silence de Dieu.

N'êtes-vous pas né par hasard, entre le néant et l'infini, dans un monde qui s'en moque, et d'où vous disparaîtrez sans y laisser plus de traces que n'en laisse un nuage à la surface du ciel ? Comme le vent donne l'impression de souffler *au hasard*, d'être libre comme l'air — alors qu'il obéit aveuglément aux lois de la physique —, le fait hasardeux de votre naissance a beau se présenter comme le résultat d'un invraisemblable concours de circonstances, il n'en est pas moins l'effet d'une implacable concaténation causale, d'une chaîne de « hasards » absolument nécessaires les uns aux autres. Il n'était peut-être pas écrit que vous seriez celui ou celle que vous êtes, mais il n'est pas moins nécessaire que vous le soyez… puisque vous l'êtes.

Avez-vous remarqué qu'un gribouillis finit toujours par dessiner un visage ? qu'un nuage ressemble toujours à *quelque chose* ? qu'il est éternellement possible de trouver une ligne géométrique dont la notion constante et uniforme lui permette de passer par tous les points qu'une main a pourtant déposés *au hasard* sur la feuille ? Qu'aller n'importe où revient immanquablement à se rendre quelque part ? Nulle providence ici. Juste un constat. La constante possibilité de rendre raison d'un phénomène apparemment aléatoire ne plaide pas en faveur d'une intention cachée mais de l'indifférente nécessité qu'ont les choses d'être ce qu'elles sont. Essayez, si vous le pouvez, de « marcher au hasard »… vous n'en marcherez pas moins d'une certaine façon, et que vous donniez ou non un but à votre promenade, vous arriverez obligatoirement quelque part. Le hasard n'est pas le contraire de la nécessité, mais son pseudonyme, son petit nom.

« Le consul de Malcolm Lowry, raconte Clément Rosset au début du *Traité de l'idiotie*, n'est pas un ivrogne ordinaire. C'est un ivrogne extraordinaire, un voyant qui se sait plongé dans un état d'ébriété exceptionnel. Il n'a rien d'un homme qui perd, de temps à autre, son chemin, pour le retrouver par la suite puis le reprendre à nouveau. D'abord parce que son ivresse est permanente et qu'ainsi l'état de voyance qui en résulte ne se trouve sujet à aucune éclipse ; aucun intervalle de "lucidité" ne vient troubler son hébétude. Ensuite parce qu'il n'y a plus pour lui depuis longtemps de chemins à perdre ni de chemins à retrouver : parce qu'il n'y a pas, parce qu'il n'y a jamais eu de véritables chemins. Le consul n'a pas perdu le sens de l'orientation ; ce sont plutôt les chemins qui ont disparu autour de lui, et avec eux toute possibilité de direction. La voie droite s'est perdue dans la forêt obscure… » En d'autres termes, qu'on le veuille ou non, on est toujours *déterminé*. Le flâneur, l'ivrogne et le nonchalant ne se rendent pas moins quelque part que celui qui dirige résolument ses pas vers le lieu qu'il s'est promis de rejoindre. La désinvolture n'est pas moins exacte ni précise que la précision elle-même. Le fait de marcher au hasard n'enlève rien au fait qu'on marche *d'une certaine manière*, plutôt que d'une autre. Au contraire : plus on erre, plus on découvre que, quelle que soit la démarche, nous n'avons d'autre choix que de marcher comme nous le faisons : « On peut bien, ajoute Rosset, se déplacer sans intention déterminée ou tituber d'un pas d'ivrogne ; l'itinéraire qu'on aura suivi en fin de compte n'en aura pas moins tous les caractères de la détermination. Il est impossible, en toute rigueur, de marcher au hasard, comme il est, de manière générale, impossible de faire quelque chose qui ne possède pas, précisément, la détermination de ce quelque chose ; on peut certes faire tout ce qu'on veut, on ne pourra jamais pour autant faire n'importe quoi. »

« Le soir je sortais seul, dit Proust, au milieu de la ville enchantée où je me trouvais au milieu de quartiers nouveaux comme un personnage des *Mille et Une Nuits*. Il était bien rare que je ne découvrisse pas au hasard de mes promenades quelque place inconnue ct spacieuse dont aucun guide, aucun voyageur ne m'avait parlé. »
Grâce au hasard, tout est Venise.

Il faut comprendre ainsi et non pas autrement le fait que Spinoza — dont le Dieu, pourtant, est toute nécessité — préfère le Dieu radicalement transcendant des cartésiens (un Dieu qui, s'il voulait, pourrait faire que deux et deux égalent cinq), à l'idée pré-leibnizienne d'un Dieu gouverné par sa propre bonté : « Je reconnais, écrit Spinoza, que cette opinion, qui soumet tout à une volonté divine indifférente, et admet que tout dépend de son bon plaisir, *s'éloigne moins de la vérité que cette autre consistant à admettre que Dieu agit en tout en ayant égard au bien.* Ceux qui la soutiennent, semblent poser en dehors de Dieu quelque chose qui ne dépend pas de Dieu, et à quoi Dieu a égard comme à un modèle dans ses opérations, ou à quoi il tende comme vers un but déterminé. » Traduction : le caprice vaut mieux que la morale, car le caprice est, comme la nécessité ou comme le hasard, dépourvu d'intentions.

Il est indifférent que la réalité soit le hochet d'un Dieu volage qui choisit à chaque instant, parce qu'il le veut bien, de le maintenir en existence (Descartes), ou que la réalité soit, une fois pour toutes, Dieu lui-même, incréé, infini, nécessaire en chacune de ses parties (Spinoza). La liberté radicale et l'absolue nécessité sont les deux seules manières, pour Dieu, de n'être contraint par personne. La contingence de l'univers qu'un Dieu lointain aurait pu ne pas choisir ne se distingue en rien de la nécessité de l'univers qui se confond avec Dieu. Les deux ne font qu'un.

Que le monde soit ainsi plutôt qu'autrement ou que le

monde soit tout entier tout ce qui est, que le monde soit un hasard ou qu'il soit de toute éternité tout ce qu'il peut être, que le monde naisse d'une pichenette ou qu'il ait toujours existé, qu'il soit absurde ou qu'il soit une énigme, que Dieu soit au-dessus de tout ou qu'il se confonde avec tout, qu'Il agisse selon son bon plaisir ou qu'il agisse avec la même nécessité qu'il existe, qu'Il fasse tout ce qu'il veut ou qu'il soit tout ce qui est, c'est du pareil au même : dans les deux cas, le monde est un enfant qui joue.

« Le caractère général du monde, écrit Nietzsche, est de toute éternité chaos, *non pas au sens de l'absence de nécessité*, mais au contraire au sens de l'absence d'ordre, d'articulation, de forme, de beauté, de sagesse, et de tous nos anthropomorphismes esthétiques quelque nom qu'on leur donne... »

Ici-bas — c'est-à-dire partout — tout est coïncidence et tout est nécessaire : naître par hasard ne signifie pas qu'on aurait pu naître ailleurs ou autrefois — ce qui est impossible, puisque ce n'est pas le cas —, mais que l'apparition d'un être est indifférente à la vie dont il est locataire. La connaissance a beau dissoudre le « hasard » et les coïncidences dans le lacis des causes et des effets, aucune explication ne dissipe le *sentiment de hasard* qui suit, comme son écho, l'intuition que le monde est à la fois étrange et limpide, injustifiable et impérieux, nécessairement sans pourquoi. L'énigmatique absence de mystère est une invitation permanente à nous livrer en aveugles au hasard qui nous entraîne, comme on accorde à la vie le bénéfice du doute, ou comme un artiste s'applique à résoudre l'énigme de bonheur que chaque phénomène lui propose.

Bonheur

Elle semblait connaître la vanité de ce bonheur dont elle montrait la voie.

PROUST

Pourquoi le bonheur est-il si triste ?

D'où vient l'amertume qui le suit comme son ombre ? Est-ce de n'être qu'une parenthèse... un point de suspension ?

Le fait est que — telle la Mme Poussin de *Sodome et Gomorrhe*, que le narrateur surnomme « Tu m'en diras des nouvelles » parce qu'elle ne cesse, par cette phrase perpétuellement répétée, d'avertir ses filles des malheurs qui les attendent — le bonheur a pour dot (et pour antidote) la certitude menaçante de son terme. L'expérience du bonheur est inséparable de la crainte (en elle-même fatale) que le bonheur s'achève : tout homme heureux est un homme averti dont le bonheur succombe dès qu'il en prend conscience. Savoir qu'on est heureux impose de savoir que ça

43

ne va pas durer et donc vouloir que ça dure, or vouloir être *encore* heureux, c'est déjà ne plus l'être. En matière de bonheur, le commencement est aussi le début de la fin. On l'envie, il nous ennuie, puis il s'enfuit, malheureusement.

Le bonheur est une migraine qui se dissipe, un supplice dont l'interruption fait une volupté. La souffrance qui le précède en est à la fois l'écrin et la condition. Aurions-nous le souci d'être heureux si nous savions remplacer la douleur de vivre par la joie d'exister ? Qu'on l'espère ou qu'on s'en souvienne, qu'il soit à venir ou révolu, le bonheur est toujours un chagrin. En se révélant après coup, en susurrant « dépêche-toi » à l'oreille de l'heureux, la drogue du bonheur promet à sa victime le malheur qu'elle a seulement suspendu. « Je tiens pas tellement à être heureux, dit Momo dans *La Vie devant soi*, je préfère encore la vie. Le bonheur, c'est une belle ordure et une peau de vache et il faudrait lui apprendre à vivre… Le bonheur, je vais pas me lancer là-dedans avant d'avoir tout essayé pour m'en sortir. »

Comme tout déni, le bonheur affirme la présence (et la préséance) de ce qu'il conjure. Le pléonasme d'un « bonheur précaire » recouvre une pesante sagesse, aux antipodes de l'insouciance : la certitude qu'aucune satisfaction n'est durablement satisfaisante, la conscience indéfiniment douloureuse d'un désarroi non soluble dans les artifices qui l'atténuent. C'est la raison pour laquelle tout eudémonisme, toute philosophie du bonheur, repose paradoxalement sur des postulats qui n'ont rien de réjouissant. Tout va mal, *ergo carpe diem* ! C'est par défiance envers l'avenir qu'Horace recommande de « cueillir le jour présent ». C'est parce que le monde est sans issue que Diderot y cherche tout le bonheur dont un homme est capable. C'est parce que son meilleur ami est mort que Montaigne choisit d'être heureux. « Au cœur de la source des plaisirs jaillit quelque chose d'amer, écrit Lucrèce, qui, au sein même des délices, vous reste dans la gorge. » Si Kant, à l'inverse, considère que le bonheur est un idéal indigne de l'homme, ce n'est pas seulement parce que le bonheur est empirique ou relatif à chacun, mais, plus profondément, parce que toute sa philosophie repose sur la quête d'un sens qui surmonte le néant de nos vies. Si, enfin, tout projet politique de construire un bonheur collectif est inévitablement totalitaire, ce n'est pas seulement d'imposer une certaine idée du bonheur à ceux qui s'en font une autre, mais aussi et peut-être surtout parce qu'en supprimant les obstacles qui ajournent le bonheur et remplacent le malheur d'être heureux par l'espoir d'y parvenir, il expose les hommes au risque de l'ennui. « Placez cette race dans un pays de Cocagne, où tout croîtrait de soi-même, où les alouettes voleraient toutes rôties à portée des bouches, où chacun trouverait aussitôt sa bien-aimée et l'obtiendrait sans difficulté, propose encore Schopenhauer — alors on verrait les hommes mourir d'ennui, ou se pendre, d'autres se quereller, s'égorger, s'assassiner et se causer plus de souffrances que la nature ne leur en impose maintenant. »

L'impossibilité du bonheur est-elle une raison suffisante de lui tourner le dos ? Celui qui s'en prive au motif qu'il est décevant n'est-il pas dans la situation d'un homme « qui s'emplirait le corps de poisons et d'aliments mortels, par cette belle raison qu'il n'espère pas jouir toute l'éternité d'une bonne nourriture, ou qui, voyant que l'âme n'est pas éternelle ou immortelle, renoncerait à la raison et désirerait devenir fou » (Spinoza) ? Il faut aimer le bonheur malgré lui, pardonner au bonheur de n'être pas durable, goûter à pleine bouche ses fruits empoisonnés. Le bonheur est une notion commune dont la recherche est un début de connaissance. Ceux qui fuient le bonheur de peur qu'il ne se sauve sont comme ceux qui se tuent par crainte de mourir. Le bonheur sauve qui peut.

Mélancolie

> Je tiens ce monde pour ce qu'il est... un
> théâtre où chacun doit jouer son rôle, et où le
> mien est d'être triste.
>
> ANTONIO

C'est la fatigue du matin.

C'est une folie douce, un délire serein. Un dépit de vie sans désir de mort. Un « à quoi bon ? » sans inquiétude, un chagrin sans colère, un repli sur soi qui n'en veut à personne, un moindre mal de vivre, une tristesse en apesanteur, une douleur sans violence, plus proche du désarroi que du désespoir. Tout est légèrement pénible au mélancolique, hormis la vie elle-même dont il adore la fadeur. L'existence, à son cœur, n'est pas un drame mais une errance dans l'incurable, une *persévérrance* que rien ne justifie et dont il n'y a pas lieu de se plaindre. La mélancolie hérite du suicide possible et constamment ajourné l'art de contempler le monde avec la curiosité du mort en sursis dont le regard affranchi fait d'un geste le transfuge d'un tableau et d'un événement la page d'un livre. « On devrait marquer au fronton des cimetières : Rien n'est tragique, tout est irréel », suggère Cioran. Autant dire qu'en ramenant l'univers aux sensations, la mélancolie met le réel à portée du rêve.

Se souvenir, c'est oublier d'oublier ; oublier, c'est se souvenir qu'on s'est souvenu. À l'inverse de la nostalgie, la mélancolie ne naît pas du souvenir, mais d'un oubli conscient de lui-même. Comme un exil sans terre natale, un fumeur sénescent, un mot qu'on a sur le bout de la langue, la mélancolie fait l'expérience d'un manque amnésique ou d'un besoin qui ne sait plus ce qui le comble. Ainsi n'est-elle pas tant la douleur d'aimer, que la douleur de pressentir qu'un jour on ne souffrira plus d'aimer : « Je n'avais plus qu'un espoir pour l'avenir — espoir bien plus déchirant qu'une crainte, — c'était d'oublier Albertine », raconte le narrateur d'*À la recherche du temps perdu*, navré d'imaginer la fin de son deuil. « Comme une colline qui au loin semble faite d'azur et qui de près rentre dans notre vision vulgaire des choses, tout cela avait quitté le monde de l'absolu et n'était plus qu'une chose pareille aux autres… J'en éprouvais un découragement d'autant plus profond que si l'objet de mon désir têtu et agissant n'existait plus, en revanche les mêmes dispositions à une rêverie fixe… persistaient. » L'anti-romantique mélancolie donne au visage les contours du paysage, et non plus l'inverse. La mélancolie est une tristesse en dilettante que n'accompagne l'idée d'aucune cause extérieure, un *je ne sais pourquoi*.

Sans être expansive, la mélancolie est théâtrale. Hormis les déboires administratifs, la base blanchie des cheveux teints, le rire excessif d'un ami qui sonne faux et les neuf notes de l'unique petite phrase de la première *Gymnopédie* — qui donnent simultanément aux instants qu'elles décorent la valeur d'un début et l'ampleur d'une conclusion — la mélancolie n'a pas de causes mais précède et enfante les raisons qu'elle se donne : c'est en feignant d'être mélancolique qu'on le devient. Tout comme l'hypocondrie est la pathologie véritable de celui qui croit qu'il est malade, la mélancolie est à elle-même sa propre source. « J'ai depuis peu, dit Hamlet, *je ne sais pourquoi*, perdu toute ma gaieté… » Ce n'est ni la vertu d'Ophélie, ni le crâne de son ancien bouffon, ni même le meurtre de son père qui rendent mélancolique le prince du Danemark, mais c'est lui-même, Hamlet, qui, singeant la mélancolie, se prend à son propre jeu et s'agite au lieu d'agir. La génuflexion devance la foi, l'existence précède l'essence et la mélancolie s'affiche avant de s'éprouver. Ne dit-on pas, d'ailleurs, du mélancolique qu'il « prend la pose » ? Avant d'être affecté par la vanité de toute chose, le mélancolique pressent que tout se joue avant de se vivre, et qu'on peut être simultanément l'acteur, le spectateur et le spectacle de sa vie.

Rigoureusement fidèle à l'existence enchâssée entre les énigmes de la naissance et de la mort, la mélancolie, comme la rêverie, se promène à mi-chemin. Si la pluie incarne la mélancolie, c'est qu'elle est inlassable, et non parce qu'elle ressemble à nos larmes. Si l'automne est la saison de la mélancolie, ce n'est pas de raconter la mort, mais la saveur des états indécidables. Si elle recouvre de gris le monde et ses remèdes, c'est que la mélancolie est un grimoire.

« Comme un homme, dit encore Proust, qui n'avait d'abord que des motifs peu importants de se fâcher se grise tout à fait par les éclats de sa propre voix, et se laisse emporter par une fureur engendrée, non par ses griefs, mais par sa colère elle-même en voie de croissance, ainsi, je roulais de plus en plus vite sur la pente de ma tristesse, vers un désespoir de plus en plus profond, et avec l'inertie d'un homme qui sent le froid le saisir, n'essaye pas de lutter, et trouve même à frissonner *une espèce de plaisir*. »

La tristesse déplore que les choses disparaissent ; la mélancolie constate que les choses passent. Elle est le goût d'éprouver — pourquoi pas — sur le mode de l'amertume le pur bonheur d'exister.

Humour

Que celui qui n'a jamais péché lui jette la
première pierre !

JÉSUS DE NAZARETH

Le dandy qui veut bien mourir en duel mais refuse de se
lever tôt, le naufragé ravi d'apprendre que son compagnon
de radeau est végétarien, le grand distrait qui dit « pardon,
monsieur » à un poteau, le gamin qui refuse de faire ses
devoirs le jour où il découvre que l'univers en expansion
menace à terme l'équilibre de Brooklyn, le petit homme
qui — à contre-courant d'une foule pleine de slogans —
brandit un panneau avec inscrit dessus « j'ai mal au dos »
font tous, à leur manière, de l'humour la forme par excellence de l'insoumission, le pied de nez d'une souris à un
éléphant. « Non seulement Dieu n'existe pas, dit Woody
Allen, mais encore, essayez de trouver un plombier le
week-end. » On ne badine pas avec l'humour qui, d'une
pirouette, transforme l'égoïsme en roi de comédie, remise

51

l'immense au magasin des accessoires et fait, en retour, à l'infime une place de choix. L'humour est toujours *décalé*, même quand il tombe juste. Rien, par conséquent, ne lui échappe. Le vice comique n'exclut personne et commence par soi : « « L'humour a été pour les juifs un moyen de déjouer les persécuteurs », écrit Jankélévitch, mais « l'humour exigeait d'eux autre chose encore : qu'ils se moquassent aussi d'eux-mêmes, pour qu'à l'idole renversée, démasquée, exorcisée ne fût pas immédiatement substituée une autre idole ». En prenant la partie pour le tout, en élevant le sublime jusqu'au grotesque, l'humour tourne en dérision tout ce qui nous rend dérisoires et en jeu de mots le cauchemar de vivre. « Plus cancéreux que moi, tu meurs », disait Desproges. Faire de l'humour, c'est montrer son cul à un peloton d'exécution. Le point de départ de l'humour, c'est qu'il n'y a pas de quoi rire.

Ou plutôt si. Car tout ça n'est qu'une plaisanterie. « Quelle chimère est-ce donc que l'homme ? demande Pascal. Quelle nouveauté, quel monstre, quel chaos, quel sujet de contradictions, quel prodige ? Juge de toutes choses, imbécile ver de terre, dépositaire du vrai, cloaque d'incertitude et d'erreur, gloire et rebut de l'univers... » Quand on y pense, il est aussi désopilant que dramatique d'être né sans raison pour mourir à coup sûr : le tragique de l'existence fait aussi d'elle une rigolade. L'humour serait absurde si la mort ne l'était pas, mais mourir donne raison au rire. Si l'humour se moque du monde, c'est que le monde se moque de nous. L'humour est le frère de sang du mortel à qui un Dieu farceur laisse, indifféremment, le choix d'en rire ou de pleurer. « Allons, dit Guitry, faisons la paix, veux-tu ? Séparons-nous. » L'humour, c'est le bras armé de la joie.

Trop vivace pour être dépecé, l'humour ne tient pas en place. De même que la lumière détruit les molécules qu'elle permet d'observer, nul ne décode l'humour sans le perdre, sans le diluer dans l'écheveau des raisons qu'il lui trouve. Taillé comme un éclair — un corset qu'on délace — dans l'étoffe même du devenir, l'humour relève de l'élan vital. Toute analyse est un tue-l'humour aussi radical que les panneaux « Applause » et les rires préenregistrés qui ponctuent un sketch. Décrypter une saillie, c'est en perdre la sève. Ne cherchez pas à savoir pourquoi la Nina de Rimbaud répond « Et mon bureau ? » au jeune homme qui lui promet des bourgeons clairs, de la luzerne, du champagne et les chairs qui frémissent. N'essayez pas de résoudre l'énigme d'un mot d'esprit ou d'une réplique cinglante. L'humour est une anti-vérité, une leçon de mobilité que l'esprit de grâce inflige aux tenanciers du vrai — d'ailleurs, le dogmatisme se reconnaît en général à l'absence d'humour qui signale l'incapacité de penser contre soi-même. Ce n'est pas parce qu'on est insolent qu'on est drôle (ou alors à ses dépens), mais c'est parce qu'on est drôle qu'on est insolent. Il en va de l'humour comme du génie ou de la mélancolie : ce sont des causes perdues.

« L'humour, dit encore Jankélévitch, n'a aucune royauté à établir, aucun trône à restaurer, aucun titre de propriété à faire valoir, ne cache pas d'épée dans les plis de sa tunique ; sa fonction n'est pas de restaurer le *statu quo* d'une justice close, ni d'opposer une force à la force, mais plutôt de substituer au triomphe des triomphants le doute et la précarité, de tordre le cou à la bonne conscience des vainqueurs. »

L'ironie — « la patience du roi déguisée en mendiant » — simule un détour pour conduire sa victime au point qu'elle s'est fixé, tandis que l'humour est une quête sans objet, un vagabondage ambigu dont les trouvailles n'épuisent pas la curiosité. C'est toute la différence entre un sourire et un sarcasme : le premier est approbateur, minoritaire et subversif, le second virtuose, tactique et moralisant. L'humour n'a pas de but, l'ironie a toujours une idée derrière la tête. L'ironie se moque des religions, mais au nom de l'impiété, c'est *en vertu* du tolérable qu'elle dénonce les scandales, pire : c'est au nom du Bien qu'elle charrie l'injustice. D'un côté, le poujadisme de la domestique raillant la distraction de Thalès qui, la tête dans les étoiles, ne voit pas le puits qui se trouve à ses pieds ; de l'autre, le savant fou qui, parce qu'il est distrait, excelle dans l'art de soumettre l'infini à l'insignifiant.

Dans *L'Étoile mystérieuse* d'Hergé, quand l'astéroïde qui doit heurter la Terre (et du même coup — du moins le croit-il — rendre célèbre le professeur Calys) se contente de frôler notre planète à quarante mille kilomètres, le scientifique n'a pas de mots assez durs pour son collaborateur (« incapable », « galopin »), comme si l'erreur de calcul de ce dernier avait par elle-même dévié la trajectoire du bolide stellaire, et comme si, surtout, la fin du monde avait moins d'importance que la fin de la gloire. De même, si l'astéroïde Adonis avait heurté la fusée lunaire (*On a marché sur la Lune*), non seulement tout le monde serait mort, mais surtout (« pire »), le professeur Tournesol aurait dû, selon ses propres termes, « recommencer tous ses calculs »... Libre à vous d'y voir les symptômes d'une incurable démence ou, à l'inverse, la sagesse supérieure de ceux qui, vivant sur une autre planète, traitent les catastrophes avec le manque de sérieux qu'elles méritent.

Opinion

> MANIFESTATION, n.f. : Expression pu-
> blique d'une revendication politique, dans
> laquelle de nombreux individus se réunis-
> sent en un groupe compact pour pouvoir,
> en hurlant les uns à l'oreille des autres,
> s'informer réciproquement de l'opinion
> qu'ils partagent.
>
> STÉPHANE LEGRAND

Comment se fait-il qu'à l'instant où quelqu'un prétend
— au motif que, n'y connaissant rien il n'a pas la tête
farcie par ce que les autres en disent — porter sur un sujet,
quel qu'il soit, un jugement sans préjugés, une parole
(enfin) libre, il s'apprête immanquablement à enfoncer
une porte ouverte ? Par quel mystère suffit-il qu'un être
estime penser par lui-même quand il pense tout seul pour
que ses propos réintègrent aussitôt, paradoxalement, la
grande famille des lieux communs ?

À défaut de se valoir, toutes les opinions se ressemblent.

Tout en se présentant comme la propriété d'un individu, la signature de sa singularité, chaque opinion exprime, sous le masque, la dimension grégaire d'une personne. « C'est mon avis », dit-il, ravi, « c'est mon opinion et je la partage »… autant dire que « je » ne partage rien, sinon l'ivresse de l'assentiment et le goût de fréquenter ceux qui sont du même avis que lui.

Le savoir nous distingue, mais l'ignorance nous réunit. Moins on sait de quoi on parle, plus on en pense et on en dit la même chose que tout le monde. Aussi n'y a-t-il d'opinion que générale. Tout en exaltant le droit de chacun à faire valoir ce qui le singularise, l'opinion est un effet de foule, un épais *bienentendu* dont la surdité recommande la compagnie des semblables. Vous aurez beau, par exemple, démontrer au partisan de la peine de mort que l'exécution capitale est affaire non pas de justice mais de vengeance, et qu'elle ne saurait, par conséquent, faire l'objet d'une loi, il n'en continuera pas moins d'estimer, en son for intérieur (et donc à l'unisson de la majorité), que « la vie d'un assassin ne vaut pas davantage que celle de sa victime ». L'opinion, c'est la foule en moi, la loi du genre déguisée en sentiment flatteur d'être seul de son camp. C'est un congrès individuel dont toutes les tendances qui composent un sujet ratifient l'ordre du jour. Comme elle est majoritaire, l'opinion est spontanément critique. Loin de comprendre, ou d'entendre, l'opinion présume coupable. Être populiste, c'est donner des arguments à l'opinion. Elle dit « je » à tout bout de champ, mais « on » en est le sujet véritable, et « on dit », le plus souvent, lui sert de prétexte : l'expression particulière d'une opinion est toujours le cri de ralliement d'un troupeau.

« Les hommes, explique Spinoza, sont plus touchés par l'opinion que par la raison », et « les opinions auxquelles nous tenons le plus, ajoute Bergson, sont celles dont nous pourrions le plus malaisément rendre compte, et les raisons mêmes par lesquelles nous les justifions sont rarement celles qui nous ont déterminés à les adopter ». La raison n'a pas plus de prise sur l'opinion que l'esprit n'en a sur le corps. L'opinion a ses raisons que la raison ne connaît pas, et pour cause : l'opinion est toujours la dupe de l'humeur. À moins d'être elle-même comprise, vécue, incorporée jusqu'à endosser comme l'opinion une valeur viscérale, aucune vérité, nulle sagesse, ne triomphe du charme de Doxa.

Le fait que l'opinion soit l'affaire de la masse explique également que dans une démocratie attachée, à juste titre, à donner droit de cité à toutes les opinions, il n'y a jamais de vrais *débats* mais seulement des *combats* entre des opinions dont chaque porte-parole, soucieux non pas d'avoir raison ni de penser, mais plutôt d'avoir raison de l'autre et de flatter les siens, se contente d'attendre que l'adversaire ait fini de parler pour dire ce qu'il avait prévu de dire longtemps avant que l'autre ait pris la parole. Au lieu de produire du désaccord, les « enquêtes d'opinion » produisent de l'adversité. Le régime politique qui protège l'opinion remplace inévitablement l'échange ou le dialogue par la juxtaposition de monologues nerveux où l'éloquence et la couleur d'une cravate ont plus de force que n'importe quel raisonnement. Ce n'est pas un hasard, d'ailleurs, si *on* dit d'un argument qu'il se *démontre*, et d'une opinion qu'elle se *défend*.

À chaque nouvel épisode du conflit israélo-palestinien, les représentants des communautés juive et musulmane de France et d'ailleurs appellent systématiquement à « vivre en paix » et à « raison garder », ce qui ne sert pas à grand-chose. Car il serait plus efficace que les deux instances aient, avant tout, le courage de penser contre elles-mêmes. Imaginons que le Conseil français du Culte musulman commence par déplorer la stratégie terroriste du Hamas, et que le Conseil représentatif des institutions juives de France s'indigne en premier lieu du bombardement involontaire des populations civiles à Gaza — imaginons, en d'autres termes, que les porte-parole soient les pédagogues et non les haut-parleurs de leur clan —, l'affrontement des communautés entre elles tournerait en débat ouvert à l'intérieur de chaque camp, le tête-à-tête remplacerait le face-à-face. Pour être efficace, l'appel au dialogue devrait être, avant tout, une invitation à discuter avec soi-même, à transformer l'indiscutable opinion en matière à penser. On a raison, évidemment, de dire en cas de conflit qu'il faut « raison garder », mais à condition de se souvenir qu'avant de signifier « être raisonnable », « raison garder » consiste à faire preuve de raison quand chacun parle au nom du sang, à envisager l'opinion d'en face avant de brandir sa vérité, à réfléchir en homme au lieu de réagir en juif ou en musulman, à avoir l'audace de s'élever au-dessus de ses propres opinions, de se méfier de ses viscères et de son identité. Il n'existe aucune autre manière de remplacer la trêve par la concorde, d'instaurer une discussion pacifique en lieu et place du choc, à peine amorti, des opinions qui, parce qu'elles ne réfléchissent pas, se prennent pour la vérité. Mais à force de sanctifier l'opinion, la démocratie produit des faux dialogues dont les interprètes, mandatés par leurs ouailles, n'ont ni le souci de convaincre, ni la force d'accepter qu'ils se trompent.

« La science, dit Bachelard, dans son besoin d'achèvement comme dans son principe, s'oppose absolument à l'opinion. S'il lui arrive, sur un point particulier, de légitimer l'opinion, c'est pour d'autres raisons que celles qui fondent l'opinion ; de sorte que l'opinion a, en droit, toujours tort. L'opinion pense mal, elle ne pense pas, elle traduit des besoins en connaissance. » Des sans-culottes à Wikipédia, de Gracchus Babeuf à Ségolène Royal et la « démocratie participative » en passant par les émissions de radio où « les auditeurs ont la parole », la confusion de la science et de l'opinion est le préjugé démocratique par excellence où règne un « bigotisme égalitaire » (Jacques Julliard) qui applique au savoir le principe d'équivalence des droits. Comme toute pensée qui ne pense pas, l'opinion tient la connaissance pour un privilège universel, à l'image du maître d'hôtel qui, raconte Proust, « tenait de la déclaration des droits de l'homme le droit de prononcer enverjure [pour « envergure »], en toute indépendance, et de ne pas se laisser commander sur un point qui ne faisait pas partie de son service et où par conséquent depuis la Révolution, personne n'avait rien à lui dire puisqu'il était mon égal ». L'opinion, c'est un snobisme.

Quoique les démagogues, qui ne parlent qu'aux tripes, la manipulent à loisir, l'opinion ne fait pas de doute. Le dogme versatile est trop imbu de lui-même pour s'intéresser aux faits qui le contredisent comme aux preuves qui l'invalident. Peu importe l'opinion qu'on brandit, seule compte la tranquillité vindicative qu'elle garantit à l'esprit engourdi : « Quand on voit ce qu'on voit, raconte Coluche, et qu'on entend ce qu'on entend, on a raison de penser ce qu'on pense ! » Avec l'opinion, tout est dit.

Rêverie

> À quoi bon écrire ? Tout s'imprime en
> moi et c'est peut-être la pure poésie que de
> se laisser imprégner et de déchiffrer en soi-
> même la signature des choses... Je m'en
> fous. Je fume.
>
> BLAISE CENDRARS

C'est une drogue douce, qui joue avec le feu. Un terrain
vague — forêt de ruines ou jungle pavée selon que la veille
ou le sommeil fait pencher la balance. Une vieille ville
dont les ombres gardent la trace des occupants évanouis,
dont les édifices minutieux, patiemment reconquis par la
nature, *demeurent* soudain des châteaux de sable. Sous le
kaléidoscope du rêveur qui prend son absence de désir
pour la réalité, les oiseaux lacèrent le crépuscule, les cyprès
plongent dans la piscine, les étoiles scintillent dans la mer,
les nuages adoptent une forme, les nymphéas fleurissent en

plein ciel, les schémas s'assouplissent, l'étendue se détend, la pensée danse, la lumière est éclairée par l'ombre, les contraires se juxtaposent, se fondent et s'enchaînent en préambule à la beauté : la rêverie, c'est la préhistoire de la contemplation, l'éducation du regard par les yeux de l'âme.

Soudain, le monde avant le concept.

En fille de la conscience et du sommeil, la rêverie mélange les royaumes. Comme l'ivresse, la rêverie est une clairvoyance sans objet, une activité mais une activité passive, une recherche qui commence par un abandon, qui se laisse éblouir au lieu de jeter des regards. Pour le meilleur, elle se tient à mi-chemin de l'être et du savoir, de l'imagination et de la faculté d'en profiter. À la différence du somnambule dont la conscience est en jachère, le rêveur divague la tête sur les épaules ; il est le distrait *diurnambule* qui, tel un dauphin, ne dort que d'un œil, suffisamment assoupi pour voir ce qu'on ne voit pas, mais assez éveillé pour balbutier ce qu'il a entrevu. Plus il s'absente, plus le rêveur est disponible au mélange des genres et des images. La rêverie, c'est l'unique façon dont on peut, sans se contredire, vouloir ne pas vouloir. « Quand, dans la rêverie, dit Proust, nous réfléchissons, nous cherchons, pour revenir sur le passé, à ralentir, à suspendre le mouvement perpétuel où nous sommes entraînés, peu à peu nous revoyons apparaître, juxtaposées, mais entièrement distinctes les unes des autres, les teintes qu'au cours de notre existence nous présenta successivement un même nom. » La rêverie est une contemplation *de l'intérieur*, qui donne à celui qui s'y livre la sensation du changement. Seul un rêveur sent et sait que l'herbe pousse... ou que la cire demeure par-delà les transformations dont elle s'habille.

Née du désir — et non du besoin — d'être partie prenante de ce qui nous entoure, la rêverie dépouille le monde de son utilité. Empruntant à la veille son pouvoir de narration et à l'endormissement sa puissance divinatrice, elle suspend à l'envi l'alternative du jour et de la nuit. La rêverie, c'est le moyen d'en venir à l'immédiat.

Entre la douceur d'être et la douleur de penser, entre un sommeil opaque à lui-même et la cécité de celui que la lumière du jour empêche de voir les étoiles, il y a le talent d'entrevoir ce qui nous échappe, la valeur d'aurore qui menace, à tout instant, de s'évaporer en rêve ou de condenser en connaissance, mais qui, dans l'intervalle (et parfois la plume à la main) remplace l'impénétrable par l'immatériel et donne à voir les fondations imaginaires de la réalité. La rêverie ne se repose jamais.

« La pensée, dit encore Bachelard, est une rêverie centralisée. La rêverie est une pensée détendue. » L'une des leçons de la rêverie est qu'il faut dormir les yeux ouverts pour que la science trouve parfois le chemin des cœurs. Car la rêverie n'est pas la ruse d'une signification cachée, mais l'exhausteur des apparences. Son Graal n'est pas la vérité mais le mélange des genres, à l'image de Geoffrey Firmin, le consul d'*Au-dessous du volcan*, que son ébriété rend sensible à la « beauté d'une vieille de Tarasco qui joue aux dominos à sept heures du matin », ou de Léontine Cottard qui, entendant dans un demi-sommeil son mari parler du baron de Charlus en employant les mots de « confrérie » et de « tapette », et sachant que, dans le langage de Cottard, le premier désigne la race juive et le second une langue bien pendue, en conclut que Charlus doit être un « Israélite bavard » — ce qui, somme toute, n'est pas si bête.

Parce qu'elle accorde généreusement au monde la distraction qui lui revient, la rêverie est à des années-lumière du divertissement qui fait à la réalité l'honneur considérable de lui tourner le dos. En fait, la rêverie célèbre les retrouvailles de l'entendement et de l'imagination, *délivre* le secret du désintéressement qui, donnant à voir la beauté sans l'agrément et la nature sans l'ego, revêt le monde d'une intensité d'intérêt. « Dans le tremblement d'une feuille, dit Baudelaire — dans la couleur d'un brin d'herbe, — dans la forme d'un trèfle, — dans le bourdonnement d'une abeille, — dans l'éclat d'une goutte de rosée, — dans le soupir du vent, — dans les vagues odeurs échappées de la forêt, — se produisait tout un monde d'inspirations, une procession magnifique et bigarrée de pensées désordonnées et rhapsodiques. » Tel un bon génie qui remplacerait l'arrière-monde par le chatoiement, ou un roman dont la lecture décuple l'émotion, cisèle le réel, déchaîne les plaisirs et les joies qu'une vie ne suffirait pas à révéler, la rêverie — la nescience intuitive — pulvérise le rêveur en sensations atopiques et en intuitions sensibles. C'est une transition, un passage où le cœur, confondu, inséparable de ce qu'il éprouve, convertit l'habitude en étonnement. C'est une fugue dans l'harmonie, un éveil en forme d'exil qui rend à l'être humain l'intuition du changement. Une désertion salutaire qui permet d'entrer, de temps en temps, dans le vif du sujet.

Mensonge

Si je te demande :
— Qu'est-ce que tu as fait de 5 à 6 ?
Tu te reposes la question :
— Ce que j'ai fait de 5 à 6 ?
C'est ainsi que tu prends ton élan pour mentir.

SACHA GUITRY

Il ne faut jamais mentir.

Donc, il faut mentir de temps en temps.

L'obligation d'être véridique à tout prix contraint à mentir quand la vérité elle-même est plus mensongère que le mensonge, ce qui arrive souvent.

Combien de confessions, rétablissant « la vérité » aux dépens de celui qui la reçoit, semblent dictées non par la vertu mais par le goût de nuire ? Est-ce par charité ou par jalousie qu'Arsinoé dévoile à Alceste les turpitudes de Célimène ? Si Alceste lui-même ne lâchait vraiment « aucun mot qui ne parte du cœur », négligerait-il d'admettre qu'il est misanthrope par orgueil ? N'est-ce pas mentir par omission que de prétendre dire *toute* la vérité ? N'est-ce pas tromper quelqu'un deux fois que d'ajouter l'aveu à l'adultère ? Le refus de mentir, paradoxalement, n'échappe guère sinon au mensonge, du moins à l'insincérité. Qui, d'ailleurs, voudrait accorder sa confiance à quelqu'un qui n'est pas capable de mentir ?

La palme du *mensonge véridique* (aux antipodes du « mentir-vrai » par lequel la littérature fouille le réel en inventant des histoires) revient à Jean-Jacques Rousseau qui, dans sa lettre à d'Alembert sur les « spectacles », recommande, par amour de la grande Vérité, qu'on interdise « la plupart des pièces du Théâtre-François » parce qu'elles regorgent de « monstres abominables » et d'actions atroces qui « accoutument les yeux du peuple à des horreurs qu'il ne devrait pas même connaître, et à des forfaits qu'il ne devrait pas supposer possibles ». En d'autres termes, au nom de la « Vérité » (ou du Bien) et pour épargner au peuple le mensonge du théâtre, le censeur Jean-Jacques Rousseau ment lui-même trois fois : d'une part, en tenant pour « fausses » les vérités qui contreviennent à la morale, d'autre part en interdisant qu'on les représente (alors qu'elles existent), enfin en prétendant, sans y croire, qu'il suffit de ne pas exhiber le pire pour que l'homme se tourne vers le meilleur. Et quand, à cet égard, le grand lecteur de Rousseau qu'était Emmanuel Kant présente la vérité comme un devoir et donc le mensonge comme « le rejet et pour ainsi dire l'anéantissement de la dignité », disant de lui qu'il est « immédiatement détestable » et coupable « même quand il est innocent », qu'injuste à tous égards, il est « la véritable flétrissure qui souille la nature humaine », bref, lorsque Kant, provisoirement barbare, récuse le « droit de mentir par humanité », il ne pèche pas seulement par inconséquence (quoi de plus dangereux pour soi-même et pour les autres que de ne jamais mentir ?), mais aussi par l'ignorance, pure et simple, du fait qu'il ne suffit pas de dire la vérité pour *être dans le vrai*.

« Dire la vérité, écrit Benjamin Constant, n'est un devoir qu'envers ceux qui ont droit à la vérité. Or nul homme n'a droit à la vérité qui nuit à autrui. » Tout homme, en revanche, a droit au mensonge qui réconforte, — fût-ce le paranoïaque qui, croyant que tout le monde lui ment, n'a pas complètement tort puisqu'à cet égard, et dans l'intérêt de sa folie, lui-même se ment à lui-même. Comme la fausse modestie relève de l'orgueil, l'intention de vérité avère en premier l'impureté d'une intention. La vérité est un arrière-monde dont le désir est une arrière-pensée.

Rares, néanmoins, sont les mensonges qu'on ne découvre pas. À dire vrai, il n'y a pas plus de mensonge infaillible qu'il n'y a de crime parfait. Comme toute mécanique, tout artifice, le mensonge est soumis aux délices du recoupement, à la merci d'un lapsus, d'une mémoire défaillante, d'un détective pugnace. Le mensonge est une galère, un échafaudage sur pilotis, une fabrication qui singe pesamment l'inégalable spontanéité des faits tels qu'ils se sont produits. Le mensonge calcule, la vérité surgit. Mentir, c'est entreprendre de reconstruire le monde *de l'extérieur*, pièce à pièce, bout à bout, dans l'espoir déraisonnable qu'un assemblage finisse, à coups de trucs, par imiter la vie. Mais le mensonge est ailleurs, et la vérité est ici. Il y a entre eux le même écart de vitesse qu'entre l'intelligence laborieuse et la sûreté de l'instinct. Au fond, le mensonge est un rêve de l'intelligence que caresse à jamais la nostalgie d'un monde *à sa mesure*. Mais l'édifice dérisoire qu'il oppose au réel est lézardé par un regard, une hésitation, un alibi qui s'effondre ou bien, tout simplement, parce qu'on en fait trop, et que l'entassement des preuves jette un doute sur ce qu'elles « prouvent ». Prisonnier de la cohérence qu'il doit à ses dupes, le mensonge trébuche au moindre pavé mal équarri, tandis que, quand on ne ment pas, on peut sans risque raconter n'importe quoi... La vérité, comme l'innocence, est un miracle ingénu qui déjoue les mensonges les plus méticuleux ; le mensonge est un casse-tête ingénieux qu'atomisent les vérités les plus naïves. D'ailleurs, la vérité n'a besoin de personne, or que reste-t-il d'un mensonge quand plus personne n'y croit ?

À force de dire qu'elle serait malade en écoutant l'andante d'une sonate en *fa* dièse, il y avait des moments, raconte Proust, où Mme Verdurin « ne se rappelait plus que c'était un mensonge et prenait une âme de malade ».

Quelle meilleure façon de tenir son rang, de jouer son rôle dans la comédie du « petit clan » que d'oublier, un instant, qu'elle incarne un personnage ? La comédienne qui, pour verser des larmes en scène, invoque en secret des souvenirs désolants, ne pleure-t-elle pas d'une tristesse véritable ? Seul un mensonge qui s'ignore, un *comme si* qui s'oublie, peut prétendre à la vie. Il faut se mentir à soi-même pour qu'un mensonge ne trahisse pas la vérité.

Folie

> Je ne fais point le malheur de l'homme
> puisque je suis conforme à sa nature... à
> mesure que l'homme m'écarte, il vit de
> moins en moins.
>
> ÉRASME

La folie est la chose du monde la mieux partagée, « le plus vif de nos dangers, dit Foucault, et notre vérité peut-être la plus proche ».

Si la folie n'était qu'une maladie mentale, il suffirait d'être sain d'esprit pour ne pas être fou. Malheureusement, personne n'est plus fou que celui qui, croyant ne pas l'être, réduit, d'autorité, la folie à la déraison. La folie n'est pas un contraire, ni un spectacle. Elle mérite mieux que le strapontin alloué par la rationalité au discours qu'elle a hâtivement identifié comme l'ennemi à abattre ou pire : à guérir. La folie pathologique, objective et caractérisée, n'est qu'un cas particulier d'une folie plus générale qui, si elle était reconnue comme telle, enverrait tout homme à l'asile, à commencer par Descartes lui-même qui, redoutant de trop douter, bannit la folie au début de ses *Méditations*. « Mais quoi ? Ce sont des fous, et je ne serais pas moins extravagant si je me réglais sur leurs exemples », crie-t-il en désignant ceux qui « assurent constamment qu'ils sont des rois, lorsqu'ils sont très pauvres ; qu'ils sont vêtus d'or et de pourpre, lorsqu'ils sont tout nus ; ou s'imaginent être des cruches, ou avoir un corps de verre ». En excommuniant la folie comme on dépouille la lumière de son ombre, en remplaçant l'épreuve du vertige par la fictive stabilité d'une certitude, en faisant une idole de son esprit au point de considérer que le fou ne peut penser puisque la pensée ne peut être folle, Descartes constitue follement la folie « comme l'autre de la raison, selon le discours de la raison elle-même » (Foucault), dénie à la folie le privilège des paroles inouïes et justifie, à ce titre, la mainmise des fous qui s'ignorent sur les malades mentaux qu'ils enferment. Qui vit sans folie n'est pas lucide : « Les hommes sont si nécessairement fous, dit Pascal, que ce serait être fou, par un autre tour de folie, de n'être pas fou. » Il faut méconnaître sa propre folie (ou méconnaître l'altérité en soi) pour faire de la folie l'objet de la connaissance, et, par conséquent, du « fou » (successivement identifié, selon ce qu'une époque ne parvient pas à digérer, à l'homosexuel, à l'étranger, au psychopathe, au libertin, au vagabond ou à l'hystérique) l'objet de l'épouvante et de la surveillance. « On sait, dit Clément Rosset, que la raison, le bon sens ont toujours été l'étendard le plus invariablement brandi par les fous, pour la plus grande confusion et irritation des esprits sains dont toute contre-offensive est vouée par définition à l'échec, puisque celle-ci ne saurait être menée qu'au nom d'une "raison" déjà annexée par l'adversaire. » Même si la folie n'est pas seulement une invention de l'asile, même si ce n'est pas parce que tout le monde est fou qu'il n'y a plus de fou du tout, même si certains disciples de Foucault ont tort — sous le prétexte que la folie naît d'une rationalité totalitaire qui phagocyte les différences — de considérer qu'il suffit de fermer les hôpitaux psychiatriques pour supprimer la démence, il n'en reste pas moins que, quand elle se limite à l'exercice de la raison, la philosophie délire sur la folie.

La paranoïa de ceux qui, voulant penser par eux-mêmes, refusent d'être manipulés, l'enfantement du goût de l'absolu par une rationalité ivre de sa puissance, le délire logique de celui qui, en toute rigueur, déduit de la mort de Dieu que tout est permis, bref, le recours au raisonnement et à la modération qui accompagne les affirmations les plus téméraires démontrent, si besoin était, qu'il faut avoir perdu la tête pour faire de la raison un garde-fou.

C'est d'ailleurs l'une des leçons de Montaigne qui, loin d'opposer l'esprit au corps et la raison à la folie, situe l'origine du « dérèglement de l'esprit » dans l'esprit lui-même et l'ambition folle qui le ronge de s'émanciper du corps. À rebours de ses successeurs, Montaigne indexe la santé mentale sur la capacité à *ne pas se désolidariser* de son corps mais plutôt à faire la paix avec lui. De fait, comment comprendre que la folie soit le propre de l'homme et que les animaux ne délirent pas, sinon par l'indiscipline et les provocations de l'« esprit » ? L'esprit de Montaigne gambade, vagabonde et joue à la vérité jusqu'à ce que le corps siffle la fin des vacances et le rappelle à l'ordre en usant tantôt du bien-être, tantôt de la maladie.

La folie en elle-même, le scalpel de la démence, n'est pas le langage des exclus mais l'irruption de la différence et l'étrange fin mot de l'existence. « Ô fou, archifou, comment se fait-il que dans ta mauvaise tête, il se trouve des idées si justes, pêle-mêle, avec tant d'extravagances ? » dit au neveu de Rameau le philosophe que le bon sens de son interlocuteur inquiète et déstabilise bien davantage que les manifestations spectaculaires de sa « folie ». Car à l'opposé de l'absurde, la folie ne récuse pas le non-sens mais l'accepte — en dépit du bon sens. C'est l'heureuse folie qui dissuade du suicide quiconque découvre l'absence de pourquoi. C'est elle encore qui, donnant aux hommes le goût du pouvoir et de l'argent, préserve les sociétés de l'anarchie comme de la misère générale. Comment, sans l'inconséquence de la folie, désirer ce qui ne dure pas, souffrir sans se plaindre, aimer la vie malgré elle — et donc la rendre aimable ? Quand Spinoza se propose, au début de la troisième partie de *L'Éthique*, de « considérer les actions et les appétits humains comme s'il était question de lignes, de surfaces et de solides », il prend, contrairement aux apparences, l'exact contre-pied de la position cartésienne qui annexe, explique et enferme la folie. L'intention de Spinoza n'est pas, comme on le pense à tort, de faire de l'homme une science exacte en soumettant à la géométrie le désordre des passions, mais, à l'inverse, de considérer que la folie, comme Albertine, mérite d'être prise pour elle-même, de lutter contre ceux qui, déplorant l'impuissance de l'esprit à gouverner le corps, excommunient les criminels et privent les fous d'une parole qui les trouble. La géométrie de Spinoza, c'est l'autre nom de la compréhension qui tient la folie pour un lieu de passage, à mi-chemin de l'erreur et du rêve, un vivier de sens où puise la littérature à qui l'égarement ne fait pas peur.

Nostalgie

> Celui qui a été ne peut plus désormais ne pas avoir été : désormais ce fait mystérieux et profondément obscur d'avoir vécu est son viatique pour l'éternité.
>
> JANKÉLÉVITCH

Quand elle n'est que le mal du pays, la nostalgie paraît soluble dans l'espoir. Les larmes d'Ulysse prisonnier des sorcières sécheront, c'est sûr, avec le retour à Ithaque. Le chant du cygne est un chant de joie quand on veut croire qu'avec la mort on retrouve le divin natal. On guérit de la solitude quand on rencontre sa moitié. Les gémissements de l'âme en exil, *disperdue*, grisée par les sortilèges de la matière, redeviennent une mélodie quand sonne l'heure du retour à l'unité. Tant qu'on croit possible de revenir à l'enfance, la nostalgie n'est qu'un mal provisoire, une promesse de bonheur qui transforme la Bible en cadastre et la mémoire en horizon, un faux problème dont la solution revient à retrouver — ou recréer — l'endroit qu'on a perdu : vous allez voir, ce sera mieux avant.

Malheureusement, c'est impossible. Ou bien ça ne dure pas. L'enfance laisse un souvenir que son retour efface. Il suffit, bien souvent, qu'un amour mal éteint ressuscite un instant pour enfin disparaître à jamais. L'espoir est trompeur, l'extase fugace et le retour décevant. Parce qu'elle est une maladie du temps dont aucun lieu ni palais n'atténue l'amertume, la nostalgie a toujours un coup d'avance. Plus que la souffrance de la perte, la nostalgie — étymologiquement la « douleur du retour » — désigne la déception des retrouvailles.

Qu'arrive-t-il à Ulysse, une fois qu'il est rentré chez lui après vingt ans d'absence ? Est-il enfin heureux ? Au contraire : « … il est distrait, taciturne, il ne mange plus la soupe de l'épouse, imagine Jankélévitch ; la ride de la conscience soucieuse jette une ombre sur son front et ternit l'innocence de son bonheur. […] Ulysse regrette l'instant où il a confusément entrevu Ithaque, l'instant où l'île de son espoir hésitait encore entre l'inexistence et l'existence. » Rien de nouveau sous le soleil ; tout a changé, comme d'habitude. Ithaque n'est plus ce qu'elle était, Pénélope a vieilli, le petit chien est mort et plus personne ne demande à Ulysse de raconter ses aventures... Le nostalgique veut tellement revenir chez lui que, quand il rentre à la maison, il se demande où il est. Une fois qu'il a goûté au remède qu'il espérait, la tristesse d'avoir vécu remplace, en lui, la bonne vieille douleur d'attendre. Aux larmes du vagabond penché sur le rivage succède l'humeur noire du chef de famille qui pleure, en silence, les heures où il pleurait mais où sa vie avait un sens, une direction. « La terre promise est éternellement compromise... On rêve beaucoup du paradis, dit Proust, ou plutôt de nombreux paradis successifs, mais ce sont tous, bien avant qu'on ne meure, des paradis perdus, et où l'on se sentirait perdu. »

Il n'y a jamais de grand retour puisque nul n'est jamais vraiment parti : la patrie perdue n'est que le prête-nom d'une mémoire sans souvenirs. Quand elle arrive à son terme, la nostalgie n'en est qu'à ses débuts. Avec la fin du voyage commence l'errance. La nostalgie n'est pas la peur de mourir, mais la peur de continuer à vivre. La nostalgie, c'est la fin de l'histoire.

Quand elle accepte d'être immotivée, la nostalgie prend la forme littéraire ou musicale d'une quête où, surpassant les souvenirs, surmontant les disparitions, il s'agit d'affirmer l'éternité précaire de ce qui a eu lieu. Décrire une époque ou raconter un amour est une façon plus sûre de les revivre, que revenir sur les lieux du bonheur.

Quand elle est sinistre, inattentive, quand elle recherche la satisfaction plus que la joie, la sexualité masculine est nostalgique par excellence ; avec le personnage de Josef, de retour à Prague après un exil de trente ans, qui voit « une maison vide » entre les jambes écartées d'Irena, Kundera montre, dans *L'Ignorance*, qu'un homme ne retourne pas davantage dans la patrie perdue qu'il n'occupe le ventre d'une femme en le pénétrant.

À quoi jouent les hommes qui font l'amour sans amour ? À s'unir pour de faux. Que singent les grognements ? L'animal que l'homme n'est plus. Où vont les va-et-vient ? Nulle part. Comme en témoigne Georges Bataille, dont l'*Histoire de l'œil* passe de l'œil à l'œuf, puis à l'anus, puis au testicule, puis à la vulve qui, enserrant l'œil d'un prêtre, rappelle l'œil d'où nous étions partis, quand on baise, on tourne en rond, « l'amour physique est sans issue ». Si Sodome est livrée à la fornication, ce n'est pas de s'être détournée de Dieu mais, au contraire, de le chercher à l'envi dans les saccades et les hoquets de ceux qui, faute de prier, feignent sans relâche de retourner au paradis.

Étrangeté

La barrière du langage s'était soudain
dressée entre eux. La barrière du langage,
c'est lorsque deux types parlent la même
langue. Plus moyen de se comprendre.

ROMAIN GARY

L'étrangeté désigne à la fois le fait qu'avant d'être un
« non-moi » l'autre est d'abord un autre, et le fait que —
comme un mot qui, à force d'être répété, perd toute signification — il existe un monde (appelé « réalité ») en amont
de l'idée *qu'on* se fait du monde.

C'est un monde où, dépouillés des filtres dont l'habitude et l'utilité les ont recouverts à nos yeux, l'évidence
redevient une énigme, l'outil redevient un obstacle, le
familier retourne à l'étrange. Dans *La Nausée* de Sartre,
l'anti-héros Antoine Roquentin vit comme tout le monde
jusqu'au jour funeste où il découvre qu'à bien les regarder
les hommes ressemblent à des « paquets tièdes » dont

chaque main est un « gros ver blanc » que prolongent les « pattes d'un crabe tombé sur le dos », que la langue est un « mille-pattes qui gratte la gorge », la banquette « un cadavre à l'envers », le visage « une carte géologique à la lisière du monde végétal » où s'entrelacent « crevasses et taupinières », et le sexe féminin un « petit jardin avec des arbres bas et larges d'où pendent d'immenses feuilles couvertes de poils où courent des fourmis et des teignes »... Sartre n'aurait pas écrit, dans *L'Être et le Néant*, de si belles pages sur la mauvaise foi, l'expérience de la honte et la comédie de l'identité (toutes les façons dont, aux dépens de son étrangeté, un individu s'éprouve façonné par le regard des autres) s'il n'avait pas d'abord mis les mains dans le cambouis dépaysant et nauséeux de la nature sans les hommes, c'est-à-dire de la matière avant la forme, ou du monde avant Dieu. À l'inverse de l'absurde qui naît d'une déception, d'un décalage entre le silence du monde et l'arrogant désarroi de l'homme qui n'a pas encore renoncé à en être le centre, l'étrangeté naît d'une *attention* fusionnelle et renouvelée par l'oubli de soi. « Je suis heureux, ajoute Roquentin : ce froid est si pur, si pure cette nuit ; ne suis-je pas moi-même une vague d'air glacé ? N'avoir ni sang, ni lymphe, ni chair. Couler dans ce long canal vers cette pâleur là-bas. N'être que du froid... » L'homme a l'étrangeté dans le sang : dans un monde sans ailleurs ni refuge — c'est-à-dire un monde qu'on regarde de près — dont aucun Dieu ne dissipe les ombres, tout ce qui existe est bizarrement étranger. L'étrangeté raconte la singularité mobile d'un objet rendu à son devenir de chose, le moment de vertige où le réel retourne à l'insolite et l'homme à un vagabondage respectueux des distances, comme Roland Barthes qui, dans *L'Empire des signes*, sans parler un mot de japonais, s'en tient rigoureusement aux impressions que déposent en lui les coutumes de l'archipel méticuleux, ou comme le greffier du temps perdu qui préserve amoureusement, au cœur de sa mémoire, le tintement « rebondissant, ferrugineux, interminable, criard et frais » de la petite sonnette annonçant le départ de Swann dont la présence à table, en le privant du baiser de Maman, lui donnait à la fois le sentiment d'être de trop et la peur d'être sans importance.

« Le connu, dit Nietzsche, signifie… toute chose familière. Qu'est-ce à dire ? Notre besoin de connaissance ne serait-il pas justement ce besoin du déjà connu ? La volonté de trouver parmi tout ce qu'il y a d'étranger, d'extraordinaire, de douteux, quelque chose qui ne soit plus pour nous un sujet d'inquiétude ? Ne serait-ce pas l'instinct de la crainte qui nous incite à connaître ? »

L'étrangeté fraternelle, la singularité sans miroir, invite à justifier le réel sans lui chercher un sens, à connaître sans juger ni infliger à l'objet les catégories de l'entendement. La passion d'expliquer (qui découpe le réel en concepts) et le goût de l'universel (qui réduit l'homme à ses parties communes) témoignent, l'un et l'autre, d'une condamnation de l'étrangeté. Mais comment penser sans conjurer la sainte terreur de l'étrange, ni poser des étiquettes sur le nouveau monde ? Qui consentirait à se laisser surprendre par ce qu'il a domestiqué ? Comment réfléchir en acceptant de ne pas connaître ?

Par la métaphore. L'art d'indiquer une chose par une autre et d'établir une relation inédite entre les composants de la vie. La contorsion du langage qui fait passer les mots de la généralité à la générosité en les ouvrant sur le singulier qui, d'ordinaire, leur est étranger. Contrairement à la connaissance qui transforme l'inédit en cas particulier, la métaphore produit de la nouveauté en se servant du déjà su. « Bergère, ô tour Eiffel, le troupeau des ponts bêle ce matin », écrit Apollinaire qui restitue, en un seul vers, le défilé des ponts, le bruit des klaxons, la brume de l'aube et l'étrangeté novatrice du vingtième siècle à son commencement. La métaphore ne fait pas surgir un monde neuf, mais un monde *rénové* où « rien n'a changé, dit enfin Roquentin, et pourtant tout existe d'une autre façon », un monde dont les choses sont la matière des mots qui transforment la peur en joie.

Égoïsme

Face au moi, le monde ne fait pas le poids.

Aucune catastrophe n'arrive au talon de mes tracas.

« Donnez à un individu le choix d'être anéanti, ou de voir anéantir le reste du monde, conseille Schopenhauer : je n'ai pas besoin de dire de quel côté, le plus souvent, la balance pencherait… Chacun fait de lui-même le centre de l'univers ; il rapporte tout à soi… Il n'est pas au monde de plus extrême contraste : d'une part cette attention profonde, exclusive, avec laquelle chacun contemple son moi, et de l'autre l'air d'indifférence dont le reste des hommes considère ce même moi — le tout à charge de revanche. » La gigantesque petitesse qui fait du « moi » la mesure de toutes choses impose de prendre le bout de mon nez pour la limite des terres connues, et ma petite ambition pour une grande cause. Aucun génocide, aucune famine, aucun séisme ne m'affecte autant qu'une migraine. Plus il est mesquin, plus l'égoïsme est immense.

À l'humilité stoïcienne qui, distinguant ce qui dépend de moi de ce qui n'en dépend pas, suggère au sage de restreindre son champ d'action aux éléments du monde sur lesquels il a une prise, l'égoïsme substitue l'orgueil infini du Moi picrocholin qui, faute de soumettre le monde entier, se prend pour une norme, ou ne voit aucun mal dans le mal qu'il commet. « Qu'importe, déclare en toute rigueur un personnage du marquis de Sade, si je dois acheter la plus faible jouissance par un assemblage inouï de forfaits, car la jouissance me flatte, elle est en moi, mais l'effet du crime ne me touche pas, il est hors de moi. » C'est imparable et c'est cohérent. Où est le mal dans le mal que je fais, si je n'en suis pas la victime mais le bénéficiaire ? « Tout le restant m'indiffère… », déclare l'égoïste, j'ai rendez-vous avec moi.

L'humanisme et la cruauté sont, à ce titre, les deux enfants de l'égoïsme qui, réduisant l'autre au non-moi, adopte indifféremment la forme ignoble du bourreau qui traite autrui comme le moyen de son plaisir, ou la forme noble du donneur de leçons qui me défend de faire à autrui le mal que je ne voudrais pas qu'il *me* fasse. L'égoïsme est commun à l'homme qui, prenant son cas pour une généralité, vante l'« universel », et à celui qui, parce qu'il ne sort pas de lui-même, se dit, au spectacle des souffrances qu'il cause ou qui lui sont épargnées, « péris, si tu veux, moi je suis en sûreté » (Rousseau). De l'indifférence à la bonne conscience, l'égoïsme règne en traître.

L'égoïsme est plus fort que moi. De même qu'il suffit de se mettre le doigt dans l'œil pour que le monde entier disparaisse, l'égoïsme est une illusion d'optique, une loupe grossissant ce qui me concerne au point de recouvrir le reste. Telle Mme Verdurin dont l'horreur d'apprendre le naufrage du *Lusitania* rehausse le bonheur de tremper des croissants dans son café au lait, ou M. Verdurin, son mari, qui, de peur d'avoir à décommander sa soirée, répond : « Vous, vous exagérez toujours » au pauvre Saniette venu lui annoncer la mort de la princesse Sherbatoff, ou encore la duchesse de Guermantes à qui son ami Swann annonce qu'il est mourant alors qu'elle est déjà en retard à son dîner chez Mme de Saint-Euverte, et qui, ne voyant « rien dans le code des convenances qui lui indiquât la jurisprudence à suivre », choisit de croire qu'on « l'aura bêtement effrayé », l'égoïsme est un bonsaï qui cache la forêt dont, en la cachant, il avère la présence. L'égoïsme est une cécité volontaire, une myopie d'autant plus coriace qu'elle ne trompe personne. Peu importe qu'aucun égoïste n'ignore à quel point il est dérisoire de penser à lui-même avant de penser aux autres. Si l'égoïsme est invincible, c'est qu'il arrive *après* la défaite, quand il ne reste plus au sujet qu'à compenser par l'amour-propre l'insensibilité du monde. L'égoïsme est tout-puissant parce qu'en s'occupant exclusivement de la partie d'un être qui est assurée de mourir il a d'emblée tout perdu. L'égoïsme est une erreur vitale, consciente d'elle-même, qui recouvre du monticule écumeux du « moi » le néant de *quelqu'un*. Le besoin de se représenter le moi comme une unité est une illusion vitale qui, parce qu'elle ne trompe personne, se reforme dès qu'elle est ébranlée. Faute d'accepter que nul ne s'affranchit du monde qui le traverse et le constitue, l'égoïste essaie vainement de prendre ses désirs pour des réalités, en donnant à un succès mondain les dimensions d'un événement, et à sa propre mort l'ampleur d'un cataclysme... Si l'égoïsme rend malheureux, c'est que le malheur rend égoïste.

C'est la raison pour laquelle les pessimistes sont, paradoxalement, toujours égoïstes. Pourquoi, pourtant, me soucierais-je de moi puisque le pire est toujours sûr ? Pourquoi faire attention quand on n'oublie jamais que quoi qu'on fasse on va mourir ? Parce qu'avant d'être un discours sur le monde, le pessimisme est un préservatif, une façon de se protéger. Quoi de plus certain que le pire ? Qui le prédit ne prend aucun risque. Sous ses airs de prudence, le pessimisme n'est qu'un réflexe, une réponse panique à la prescience du pire. Le pessimisme, c'est un tranquillisant.

Comme souvent les réflexes, l'égoïsme est un mauvais calcul qui n'empêche ni de mourir ni de dépendre des autres. « Tandis que vu de son point de vue intérieur, ajoute Schopenhauer, son moi s'offre à lui avec ces dimensions colossales, vu du dehors, il se ratatine, revient quasi à rien : c'est à peu près un billionième de l'humanité contemporaine. En outre il sait, de science certaine, ceci : ce moi, qui à ses yeux vaut tout le reste et plus, ce microcosme, où le macrocosme ne surgit qu'à titre de modification, d'accident, ce microcosme qui est pour lui l'univers entier, doit disparaître par la mort, et ainsi la mort à ses yeux équivaut à la disparition de l'univers. » S'il suffisait d'être égoïste pour être à l'abri, l'amour-propre serait une vertu, mais l'égoïsme est impuissant, l'introversion ne protège pas, la crainte de mourir n'y change rien : il n'a jamais suffi de mettre la tête dans le sable pour échapper au train. L'égoïsme, c'est peine perdue. Être égoïste, c'est rendre les armes à la peur, c'est choisir le dédain pourtant, à terme, plus dur à vivre que la solidarité. L'égoïsme est sans pitié pour quiconque s'y soumet. Toute âme close est un cœur à l'agonie.

Générosité

Celui qui a tout donné devient un vampire.

IONESCO

La générosité n'est pas offerte à tout le monde. Rares sont ceux qui savent donner sans compter. Et pour cause : comment être généreux sans l'être à ses dépens ? Est-ce un hasard si les écorchés vifs habitent dans une bulle ? Comment, sans tour d'ivoire, vivre avec la dangereuse aptitude à souffrir des douleurs qui nous sont épargnées ? Misère de tous ceux qui se privent en donnant... Misère et génie de Schopenhauer, dont l'intuition généreuse d'une solidarité organique entre les êtres débouche, en fin de compte, sur la reconnaissance de l'égoïsme comme « l'essence même de l'homme ». Misère de Bardamu, le héros de Céline, qui passe son temps à se « refaire un bon petit égoïsme », et ne voyage au bout de la nuit que parce que toutes ses nuits sont blanches, tant il souffre des « questions énormes » que la beauté, la violence et l'exploitation ne cessent de lui poser : « Il m'aurait fallu au moins une maladie, une fièvre, une catastrophe précise pour que je puisse la retrouver un peu, cette indifférence, et neutraliser mon inquiétude à moi, et retrouver la sotte et divine tranquillité. » Comment faire en sorte que le don de soi déçu ne dégénère pas en avarice ?

Le sergent Alcide, dont Bardamu partage la tente à Topo, lors de son séjour en Afrique, présente d'abord toutes les caractéristiques du militaire colonial, trafiquant et donneur d'ordres, que le sentiment d'être abandonné conduit à regarder le reste du monde comme « une espèce de Lune ». Mais un soir, au coin du feu, Bardamu découvre qu'en fait Alcide est heureux : s'il a passé six ans de jungle à trafiquer des rogatons, c'est uniquement pour donner de quoi vivre à sa petite nièce Ginette, et qu'elle puisse prendre des cours d'anglais et de piano. « Il tutoyait les anges, ce garçon, et il n'avait l'air de rien. Il avait offert sans presque s'en douter à une petite fille vaguement parente, des années de torture, l'annihilement de sa pauvre vie dans cette monotonie torride, sans condition, sans marchandage, sans intérêt que celui de son bon cœur... il me dépassait tellement par le cœur, que j'en devins tout rouge. » Telle est la générosité qui remet le monde à l'endroit.

La générosité n'est-elle donc permise qu'aux grands vivants, aux natures solaires qui n'ont besoin de personne, à qui l'amour ne fait pas mal et que la dépense enrichit ? Pas sûr. Pour être généreux, il n'est pas nécessaire d'être riche, mais d'être heureux. « Le fait, dit Kant, de ne pas être content de son état... pourrait devenir aisément une grande tentation d'enfreindre ses devoirs » : il faut à la générosité la braise de bonheur égoïste et de bien-être sans laquelle il est périlleux de penser à autrui avant de penser à soi. Admettons que tout homme ait un cœur qui s'indigne de l'intolérable ; il faudrait quand même un cœur d'airain pour faire un cœur d'or. Aucune générosité ne tient sans l'espèce de fermeté qui permet de compatir sans dépérir. Seul un égoïsme inaliénable, subtil et impérieux, un « individualisme altruiste » (Camus) permet de franchir sans dommages le seuil de l'intérêt qu'un individu n'accorde ordinairement qu'à lui-même. C'est l'amour de soi qui permet d'aimer plus que soi-même, d'être à autrui sans réduire le don à l'échange, et de souffrir sans souffrir de souffrir.

La générosité, gratuite, inestimable, est donc à double tranchant selon qu'on peut, ou non, se l'offrir. Elle consiste, pour le pire, à porter l'univers sur les épaules, mais elle s'accroît, pour le meilleur, des bienfaits qu'elle répand. « Créateur par excellence, écrit Bergson, est celui dont l'action, intense elle-même, est capable d'intensifier aussi l'action des autres hommes, et d'allumer, généreuse, des foyers de générosité. » D'un côté, Bardamu, de l'autre Alcide. D'un côté, la générosité mortifère qui, faute d'égoïsme, souffre du monde entier. De l'autre, le don de soi sans obligation ni contrainte, l'égoïsme généreux qui enchaîne la vie à la vie.

Imagination

> Malheur au pêcheur qui fait l'amour avec une sirène, il engendre un requin-marteau.

BLAISE CENDRARS

« On croit qu'on a de l'imagination, écrit Aragon. Guy me dit toujours : "Toi, avec l'imagination que tu as..." Mes professeurs de français aussi, c'est l'imagination qu'ils louent dans mes copies. Je ne sais pas pourquoi, je *n'invente* jamais rien. » Précisément. L'imagination n'invente pas, ne déserte pas, mais recompose le monde. Rien d'imaginaire n'a jailli du néant. Aucune nouveauté n'est radicale. Aucun homme ne rêve de ce qu'il n'a jamais vu. Toute parole porte en elle le souvenir d'une langue morte.

« On veut toujours, dit Bachelard, que l'imagination soit la faculté de former des images. Or elle est plutôt la faculté de *déformer* les images, elle est surtout la faculté de nous libérer des images premières, de changer les images. » Aux antipodes de l'abstraction, l'imagination est une transcendance sans au-delà, intramondaine. Un divin sublunaire qui s'élève en prenant appui sur les lois de la pesanteur, et sans jamais sortir du ciel qui le contient. Le réel est l'objet de l'imagination, plus que la vérité. Peut-être l'imagination guérit-elle, en cela, du goût de l'absolu ? Quoi qu'il en soit, l'imagination est un voyage qui reconduit ici et maintenant, une forme aiguë de la sensibilité qui, donnant un style au fait de s'en tenir aux impressions qui nous effleurent, consacre paradoxalement, sous couleur d'exil, les grandes retrouvailles avec le monde. Dans *Le crime était presque parfait* d'Alfred Hitchcock, c'est en imaginant la scène du crime que l'amant de Grace Kelly retrouve, au détail près, la façon exacte dont les choses se sont passées, sous l'œil épouvanté du mari-commanditaire dont la mise en scène et les manœuvres avaient jusqu'ici trompé les enquêteurs. « *Prove true, imagination, O prove true* », implore Viola, dans *La Nuit des rois* de Shakespeare, quand un certain nombre d'indices la portent à espérer que son frère Sébastien est toujours en vie. Autrement dit : sois vraie, mon imagination. Rends-moi la vie. Fais que mon rêve ne soit pas un mensonge. Je n'ai que faire des mondes parallèles. Seul compte l'imaginaire palpable où mon frère est vivant, et que, faute de mieux, on appelle réalité.

La raison dissèque et l'imagination associe. Quand la raison cherche des causes, l'imagination recherche des équivalents. L'imagination est un amour qui attribue des couleurs aux voyelles, des morales aux couleurs et des sons aux parfums : « Rien ne vaut la peine d'être vécu, dit

Romain Gary, qui n'est pas d'abord une œuvre d'imagination, ou alors la mer ne serait plus que de l'eau salée. » C'est par l'imagination que la nature imite l'art, que le futur imite la science-fiction, ou qu'une aide-cuisinière prend, soudain, le visage d'une allégorie. L'imagination ne trahit la représentation que pour en dévoiler la saveur et la finalité sans fin. À l'image d'Éluard qui, tombant un jour sur un cageot d'oranges pourries, écrit : « La Terre est bleue comme une orange », l'imagination n'a pas pour fonction de photocopier le monde, mais de *l'exprimer*. En pratiquant le mélange et l'analogie, l'imagination témoigne que le réel est une alchimie où rien ne se perd mais tout se crée. L'imagination est une forme active de la sensibilité, une connaissance *anexacte*, fidèle sans être identique, qui remplace les vérités cachées par les réalités révélées. Mieux : l'imagination permet de *prévoir* le réel. Si le baron de Charlus, pourtant expert en insolences et champion du monde de la repartie, ne trouve rien à répondre au petit Morel qui, manipulé par Mme Verdurin, le traite publiquement de « pervers », si cet homme aussi audacieux qu'éloquent reste abasourdi, stupéfait devant l'offense, c'est que, dit Proust, « *ne s'étant pas d'avance, par l'imagination, monté la tête* et forgé une colère, n'ayant pas de rage toute prête en mains, il avait été saisi et brusquement frappé, au moment où il était sans ses armes ».

Sans l'imagination, la Lune ne serait pas un « croissant » et la campagne en été ne serait pas « noire de soleil » (Camus). En faisant de la perception autre chose qu'une simple stimulation sensorielle, l'imagination « rend notre expérience sensible significative, écrit Cynthia Fleury, elle rend possible l'intégralité de notre activité noétique ». Dans l'imagination, il n'y a pas de hasard, mais l'intime nécessité des assemblages volatils ; l'imagination est un réalisme qui entremêle des éléments contradictoires pour donner à voir les jeux et les possibles que recouvre le faux décor de la logique et de l'exactitude. L'imagination est un pas de côté qui subvertit la perception pour mieux en manifester la puissance nocturne : c'est la raison pour laquelle une fiction raconte mieux le monde que la pâle transcription des faits qui l'ont pourtant inspirée. Face aux écrivains sans talent, ou sans imagination, qui ne savent que recopier leur vie, « les réalistes de l'avenir, prédit Aragon, devront de plus en plus mentir pour dire vrai » et méditer, comme une méthode, la phrase que Boris Vian met au début de *L'Écume des jours* : « Cette histoire est entièrement vraie, puisque je l'ai imaginée d'un bout à l'autre. »

Temps

Avec le temps, va, tout va bien.

LÉO FERRÉ

C'est après la guerre, un jour de printemps, chez l'ex-Mme Verdurin devenue princesse de Guermantes, que le narrateur d'*À la recherche du temps perdu* remarque simultanément, dans les traits des convives, les ravages et les reconstitutions du temps.

Le temps, d'abord, lui semble un désastre, une tragédie dont l'ampleur dissuade d'agir, une aliénation qui donne au même nom le contenu hétéroclite d'un être changeant. Parce qu'elle s'empare des corps et les chiffonne, l'inconcevable dimension du temps n'apparaît au vieux jeune homme que sous la forme de ses ravages, des figures qu'elle empâte ou des sentiments qu'elle dessèche. Avant de tuer, le temps recroqueville, transforme tout homme en fantôme, la cocotte en vieille poule, le juif en snob, le snob en momie et le noble en agonisant. Comme un berger jaloux qui rattrape ses brebis égarées, ou un déguisement grotesque qu'on met une vie entière à porter complètement, le temps étouffe le désir et attache des semelles de plomb à ceux qui, déjà, ont un pied dans la tombe.

Mais le corps n'est que l'écrin du temps comme le cerveau celui de l'idée : le temps ne se réduit pas aux stigmates qu'il inflige à ses victimes. En vérité, le temps n'est destructeur qu'à l'échelle de l'homme. À plus long terme, au-delà du « moi » qui tient sa mort pour la fin du monde, comme un Dieu dont l'ultime justice, inaccessible aux petits horizons qui s'offrent à nos regards, réclame une confiance aveugle à ceux qui souffrent sans savoir pourquoi, le temps finit toujours par embellir ce qu'il détruit. « Cette matière qui n'est maintenant que poussière et que cendre, bientôt dissoute dans l'eau, deviendra cristal, prédit Schopenhauer, brillera comme métal, jaillira en étincelles électriques, manifestera sa puissance magnétique, se façonnera en plantes et en animaux, et de son sein mystérieux se développera cette vie, dont la perte tourmente tant notre esprit borné. » Mais *où* trouver, de son vivant, sous la menace des rides, le temps de voir plus loin que le bout de sa vie, le bout de son nez ?

À première vue le temps plâtre les sourires, donne aux enfants l'allure de leurs parents et met du nougat dans les joues de la marquise, mais, sous le microscope, le temps est aussi un artiste patient qui, comme on remplace une flèche par un dôme, transforme les faces de plâtre en masques de théâtre et métamorphose une aigre jeune fille en douairière magnifique. Telle est, dit Proust, « la force de renouvellement original du temps qui, tout en respectant l'unité de l'être et les lois de la vie, sait changer ainsi le décor et introduire de hardis contrastes dans deux aspects successifs d'un même personnage ». Quand il ne les noie pas dans l'oubli, le temps fait un vitrail d'une duchesse, une sculpture d'un baron, extrait le suc des cheveux blancs pour distiller de la mélancolie. Par le temps, tout est périssable et donc précieux. Avec le temps, les différences s'affirment et se ressemblent à la fois ; du terreau des anciennes créatures naissent les associations nouvelles, comme un vin qui, en vieillissant, exhausse tous ses parfums ou « comme ces arbres dont l'automne en variant les couleurs semble changer l'essence ». Pour le pire et le meilleur, la loi du temps fait éclater les chrysalides.

Il y a le temps qui passe (ou qui a passé) et il y a le temps qui dure, le temps qui s'enfuit et le temps qui lanterne, le temps perdu qui mesure un écart irréversible, et le temps retrouvé dont les échasses dessinent, à travers les âges, l'éternelle communauté des sensations. Comment choisir le second terme de l'alternative temporelle ? Où trouver la grâce de substituer l'intuition d'un temps continu à l'amertume du temps révolu ? Le trésor infini de l'épigenèse temporelle à la catastrophe biblique d'une chute dans la temporalité où seul le pire est promis ?

C'est temporellement — de l'intérieur — que *vous* pensez le temps : le temps n'est pas un attribut éventuel du sujet, mais sa constitution profonde. « L'homme n'est pas seulement "temporel", dit Bergson, en ce sens que la temporalité serait l'adjectif qualificatif de sa substance : c'est l'homme lui-même qui est le temps lui-même. » Qui déplore les dégâts du temps se conduit comme le spectateur d'une pièce dont il lui reste à découvrir qu'il est aussi l'un des protagonistes : c'est paradoxalement en comprenant qu'il est, comme les autres, concerné par la vieillesse que le narrateur proustien devient lui-même, avec joie, le théâtre des métamorphoses. C'est en éprouvant à ses dépens la dure loi du temps qui détruit… qu'il accède aux règles d'or du temps qui sculpte. Du temps pelliculaire qui, chaque jour, accable ses victimes, le spectateur engagé dans le temps parvient à l'intuition de la durée. Aux images qui s'estompent lentement, il substitue la réminiscence où la présence au monde s'accroît d'un passé qui culmine en souvenir du présent. « Quand nous écoutons une mélodie, raconte Bergson, nous avons la plus pure impression de succession que nous puissions avoir, — une impression aussi éloignée que possible de celle de la simultanéité, — et pourtant *c'est la continuité même de la mélodie et l'impossibilité de la décomposer qui font sur nous cette impression.* »

Avec l'expérience de la vieillesse, l'écrivain fait l'expérience de l'éternité ; de la matière du temps qui décompose un bonheur en regret, il tire une œuvre qui fait de chaque lecteur le contemporain de ses expériences à tout instant de la vie : « Indifférente en elle-même, leur vieillesse me désolait en m'avertissant des approches de la mienne », s'effraie le narrateur, avant de remarquer que « le degré de blancheur des cheveux semblait comme un signe de la profondeur du temps vécu, comme ces sommets montagneux qui, même apparaissant aux yeux sur la même ligne que d'autres, révèlent pourtant le niveau de leur altitude par l'éclat de leur neigeuse blancheur. » Rechercher le temps perdu n'est pas traquer l'immuable éternité, mais découvrir au contraire la persistance du changement, le caractère indécomposable du temps, la continuité à l'œuvre, l'épais mystère d'une transfiguration dont les stigmates n'angoissent plus.

D'une telle découverte naît le quatrième genre de connaissance, le talent d'exploiter les circonstances, d'être fécondé par le chagrin, de soigner l'inusable regret des mondes possibles, de chercher la vérité au sein même du changement et non dans la fixité, de transformer en bénédiction l'objection temporelle, d'écrire sur une femme — ou un homme — les phrases qu'il n'aurait pas inspirées s'il avait pu les comprendre, de trouver instantanément les cent masques qu'il faut à un visage pour dévoiler enfin le grain de sa peau, de comprendre, en un clin d'œil, la formule complexe où l'écrivain se débat aveuglément jusqu'à ce que, comme par miracle, les pensées et les mots s'organisent eux-mêmes. Mais le temps presse. Il faut se mettre au travail. Il faut du temps pour retrouver le temps. « Non seulement est-il encore temps, mais suis-je en état d'accomplir mon œuvre ? » se demande le narrateur dont, à l'instant où il voit la lumière et comprend tout, la grande peur de la mort s'efface en lui devant la crainte prosaïque de mourir accidentellement avant d'avoir fini, et d'être, par là même, bêtement privé d'extraire le minerai dont il est à la fois la source et le trépan.

Amour

> Voilà que je vous aime, cela est décidé, et
> je n'y comprends rien.
>
> MARIVAUX

Si quand on aime on ne compte pas, alors il est rare
d'aimer. Qui aime sans calcul ? Inconditionnellement ?
Sans dépendre de celle ou de celui qu'il aime ? Quel amoureux n'emprunte aucune qualité ? Que reste-t-il de l'amour
quand on enlève le fatras des mauvaises raisons qu'il se
donne ? Quel est l'amour qui ne relève ni du narcissisme,
ni du désir mimétique, ni de la peur d'être seul, ni d'un
tempérament de tyran, ni d'une ruse de l'espèce pour
garantir sa perpétuation ? « Non, vous ne m'aimez point
comme *il faut* que l'on aime », dit Célimène à Alceste dont
l'« ardeur extrême », l'amour maussade et sans partage, ne
vaut à l'aimée que des insultes. Mais comment devrait-il
faire ? Quel amour n'est pas souillé par l'amour-propre,
gangréné par l'idéal ? Comment un homme qui se déteste

lui-même pourrait-il aimer autre chose que son contraire ? Comment Alceste, dont la vanité est à la mesure de la haine qu'il se porte, pourrait-il aimer sans haïr ni maltraiter, ni demander à celle qu'il aime de rompre tout commerce avec le monde ? Alceste aimerait-il Célimène si elle ne le décevait pas ? Quel plaisir l'atrabilaire trouverait-il en sa compagnie si elle ne lui donnait aucune raison de se plaindre ? Quel intérêt le misanthrope trouverait-il à la mondaine, s'il ne trouvait précisément son intérêt dans un amour maladif ? Si Alceste aimait Célimène comme il « faudrait qu'il l'aime », c'est-à-dire indépendamment de lui-même, alors il ne l'aimerait pas. Et en demandant à être aimée pour elle-même — c'est-à-dire malgré ce qu'elle est —, en réclamant qu'on l'aime sans la juger, la coquette n'a pas moins que son amant le goût de l'absolu. Or, n'en déplaise à Célimène, aucun amour n'est déraisonnable, surtout s'il est exclusif : on aime comme on peut, avec les moyens du bord, et parce que, comme dit Ajar, « aimer, c'est de première nécessité ».

« Il avait suffi d'un changement léger de la coiffure, d'une robe différente, ou de l'atmosphère d'un lieu public pour rendre méconnaissable celle qu'on croyait déjà à jamais fixée dans la mémoire. Qui n'a pas éprouvé ce désappointement, dit Aragon, ne sait rien du véritable amour. » Car l'amour est de sang-mêlé. Quand il est céleste, l'amour pue les organes, et dès qu'il est charnel, il aspire à l'absolu. L'amour est impur, jaloux, inquiet, de mauvaise foi. Ôtez à l'amour tout ce qu'il n'est pas *vrai-*

ment, vous obtiendrez l'indifférence. Enlevez-lui le désir, les regrets, le cynisme, la déception, la jalousie, la rage, l'adultère, la fidélité, le plaisir, la tendresse, la peur de mourir seul, l'impuissance et même l'argent, il n'en restera qu'un idéal médiocre et lointain. Un peu, beaucoup, passionnément : il y a de l'amour partout, du printemps à l'automne, du début au mariage. Il y a de l'amour tout le temps, même après l'amour, quand les amants se rhabillent et qu'on remet les paravents. Il y a de l'amour même quand on ne s'aime plus. Qu'il soit affaire de cœur ou de raison, de désir ou d'intérêt, l'amour naît aussi du désir d'aimer, comme ces amoureux déguisés en carte postale, qui, se prenant à leur jeu, finissent par s'adorer après se l'être promis. « Vouloir ne plus aimer, c'est encore de l'amour, écrit La Bruyère, vouloir aimer encore, ça ne l'est déjà plus. » Voire. À la différence de l'amour fou, à l'inverse des bons sentiments, l'amour tout court réclame des efforts, du courage et de l'abnégation. Il faut ramer pour aimer. Contrairement au bonheur, il en va de l'amour comme de commencer à fumer : c'est une question de volonté. Quand on aime, on se donne du mal.

Il arrive d'ailleurs, comme le talent naît du travail, comme on se satisfait d'un paquet-cadeau, comme un mariage de raison devient un mariage d'amour, qu'à force de batailler, au gré d'un malentendu, on se surprenne, parfois, soudain, à aimer *pour de vrai*, à aimer sans rien demander ni souffrir de savoir que l'autre n'est pas notre propriété. À quoi tient cette genèse inattendue ? D'où vient qu'on en vienne tantôt, contre toute attente, à finalement aimer celle ou celui dont on est d'abord seulement amoureux ? Du fait que la passion d'aimer témoigne du seul amour qui vaille, du seul amour véritable et sans cause : l'amour de la vie. À force d'aimer la vie malgré elle, on finit de temps en temps par aimer les autres sans raison. Peu importe qu'il soit un malentendu ; que l'amour soit réciproque ou malheureux, triste ou joyeux, tomber amoureux est toujours un début de victoire.

À l'exception du premier texte (paru sous une forme légèrement abrégée dans le supplément « M » du journal *Le Monde*), tous les autres textes de ce recueil ont d'abord paru dans *Philosophie Magazine* et ont été ensuite remaniés pour la présente édition.

L'INFINI

Achevé d'imprimer
sur Roto-Page
par l'Imprimerie Floch
à Mayenne, le 15 février 2011.
Dépôt légal : février 2011.
Numéro d'imprimeur : 78557.

ISBN 978-2-07-013296-6/Imprimé en France.

181619